Eckard Heintz

Don't burn it
Aus dem Tagebuch eines Kulturmanagers

Über das Buch

„Burn it!" schrieb Leonard Bernstein in das Gasteig-Gästebuch des Verfassers. Wie es zu dieser Empfehlung und deren Fehlinterpretation durch die Medien der Musikwelt kam, schildert Eckard Heintz im bunten Kaleidoskop seiner Tagebuch-Aufzeichnungen. Zwischen diesem sarkastischen Eintrag und der im Buchtitel postulierten Entgegnung entsteht ein Spannungsfeld, dessen Kräfte Anhänger und Gegner der Gasteig-Philharmonie seit Jahren mobilisieren und die damit immer wieder verbundene Frage aufwerfen, ob München einen weiteren Konzertsaal erhalten soll oder muss.

Kulturmanager Heintz zeichnet seine vielfältigen Begegnungen mit Künstlern, Politikern und Sponsoren mit einer Mischung aus sachlich-fachlicher und auch sehr persönlicher Handschrift. Er lässt uns teilhaben an so manchen Auseinandersetzungen mit rivalisierenden Akteuren, die für das Werden und Bestehen eines der größten Kulturzentren der Welt Verantwortung tragen.

München als bedeutende Musikstadt will sich hinsichtlich der insbesondere akustischen Qualität seiner Konzertsäle mit der Konkurrenz anderer Städte messen. Heintz kommentiert daher kritisch-objektiv die seit zehn Jahren unternommenen Initiativen, vor allem aber die Probleme, die das Projekt „Neuer Konzertsaal in München" mit sich bringt.

Damit verbunden spielt die Frage nach der Führung und inhaltlich-programmatischen Konzeption eines zukünftigen Konzerthauses mit oder ohne einen Intendanten eine entscheidende Rolle. Deutsche Konzerthaus-Intendanten nehmen hierzu im Anhang Stellung. Persönliche Lebensdaten bilden die Klammer dieser Tagebuch-Auszüge.

Ein Buch für alle, die die Musikstadt München lieben und für die Kollegen Kulturmanager, die sich nach dessen Lektüre ermutigt fühlen mögen, ihren Beruf nicht zu ernst zu nehmen.

Burn it! Love Leonard Bernstein 18.IX.86

Eintrag des Maestros im Gästebuch des Autors

Don't burn it

Aus dem Tagebuch eines Kulturmanagers

Eckard Heintz

Zweite verbesserte Auflage 2017

Open Publishing Verlag in der Verlagsgruppe
Open Publishing Rights GmbH, München

Alle Rechte vorbehalten. Das Werk darf – auch
teilweise – nur mit Genehmigung des Verlages
wiedergegeben werden.

Titelbild: Dr. Eckard Heintz

Umschlaggestaltung: Open Publishing GmbH,
München

Druck und Bindung: Books on Demand
GmbH, Norderstedt Germany

ISBN 978-3-95912-202-3

books.openpublishing.com

MGM in Dankbarkeit

Aus dem Tagebuch eines Kulturmanagers

Ich möchte Sie einladen, mit mir in meinem Tagebuch zu blättern. Darin habe ich Erlebnisse, Beobachtungen und Gedanken festgehalten, die einen Einblick – nicht zwingend chronologisch, dafür kaleidoskopartig themenbezogen – in die bunte Welt eines Kulturmanagers geben mögen. Daher sei der Leser schon zu Beginn davor gewarnt, dass er nicht an einem roten Faden durch die folgenden Aufzeichnungen geführt wird, sondern es ihm überlassen bleibt, welche Beiträge er je nach Interesse – angeregt durch Überschriften – aufschlagen möchte.

Ein eigenes Kapitel beschäftigt sich mit der seit vielen Jahren im Raume stehenden Diskussion um den Bau eines neuen Konzertsaals. Diese Vorhaben und die parallel dazu geforderte Sanierung, Umgestaltung oder sogar der Abriss und Neubau des Gasteig bieten genügend Stoff für eine endlose Geschichte, die ich *Münchens Konzerthaus-Arie* nenne und die daher bis auf weiteres eine ständige Aktualisierung meiner Aufzeichnungen bedingen. Doch nach der dritten Fortschreibung habe ich beschlossen, sie mit dem Stand Ende Juli 2015 zu beenden.

Was ist ein Kulturmanager? Ein Theater- oder Orchesterintendant? Ein Konzertveranstalter? Ein Künstleragent? Ein Konzerthaus-Direktor oder -Geschäftsführer? Oder auch Direktor eines Museums?

In der Tat gehören sie alle zu dieser Berufsgruppe, jedenfalls dann, wenn sie als Ermöglicher, Vermittler, Unternehmer mit ausreichendem Know-how von Vertragsrecht und Finanzen, Controlling, Fundraising, Kulturmarketing und Öffentlichkeitsarbeit, Organisation und Mitarbeiterführung im Dienste kultureller, künstlerischer Kreativität stehen, einer Kreativität, die sich einem zu gewinnenden Publikum öffnen möchte.

Zum Anforderungsprofil gehört auch ein gewisses Gespür für kulturpolitische Strömungen und diplomatisches Geschick im Umgang mit wechselnden Partei-Mehrheiten in Aufsichtsgremien, falls das Kulturunternehmen in der öffentlichen Hand liegt.

Wenn dann zu diesem Bündel von Fähigkeiten noch hinreichende Kenntnisse von, zumindest aber vitales Interesse an den künstlerischen Schöpfungen bestehen, die er vermitteln soll, dann dürfte er sich als Kulturmanager eignen. Kulturelle Leistungen sind der Prozess und das Ergebnis schöpferischer Kräfte, die oft von Reibungen, Zweifeln oder Widerständen begleitet werden.

Dazu gehören auch organisatorische und finanzielle Schwierigkeiten. Ob und wie ein Kulturmanager diese meistert, ist in der Regel erst am Ende seiner Arbeit zu beurteilen.

SPURENSUCHE

Wer oder was hat meinen Weg zum Kulturmanager vorgezeichnet? Die Frage ist nicht leicht zu beantworten. Der französische Philosoph, Kritiker und Historiker Hippolyte Taine gibt mir mit seiner berühmten These den Hinweis, dass Werke in erster Linie durch *race, milieu et moment,* also durch Herkunft, Umfeld und äußeren Bedingungen, und dazu gehört der Zufall des Augenblicks, bestimmt werden.

Ich möchte hinzufügen, dass zu diesen *externen*, also den nicht aus dem eigenen Ich gewonnenen Faktoren sicherlich auch weitere Eigenschaften wie individuelle Kreativität, eigener Gestaltungswille und ein Maß an Risikobereitschaft als autonome Kräfte hinzukommen.

Wenn ich im Zeitraffer auf meinen Lebensweg zurückschaue – ich wurde am 12. Dezember 1935 in Stettin geboren – und ihn mit oben genannten Einfluss-Faktoren im Hinblick auf meinen Beruf als Kulturmanager in Verbindung bringen will, mögen einige hierzu passende Erinnerungen vorangestellt werden.

Mein Großvater mütterlicherseits (1877-1953) war ein humanistisch gebildeter, aus einer Berliner Kaufmannsfamilie stammender, musisch begabter Mann. Warum er sein Brot als Beamter im pommerschen Landwirtschaftsministerium (Stettin) verdiente, weiß ich nicht. Jedenfalls war er finanziell so gut gestellt, dass er mit seiner Familie im sogenannten

Westend von Stettin ein hübsches Einfamilienhaus mit Garten besaß.

In seiner Freizeit spielte er Cello und saß am Harmonium, das ich als Kind bewunderte: Die orgel-artigen Töne erklangen, wenn man mit beiden Füßen die zwei Pedale traktierte, um Luft in ein Gebläse zu pumpen. Und er spielte Themen aus Wagner-Opern und Brahms-Sonaten. Nicht nur die Meistersinger-Ouvertüre ist mir seitdem im Gedächnis geblieben.

Seine Tochter Sigrid, meine Mutter (1909-1977), muss wohl seine musischen Begabungen geerbt haben, denn sie studierte am Stettiner Konservatorium Musik und bestand ihr Examen als Pianistin. Als kleines Kind lag ich gerne unter ihrem Blüthner-Flügel, wenn sie spielte, und mir sind noch heute bestimmte Themen aus Beethoven-Sonaten im Ohr, die sich mir mit Märchenbildern verbanden.

Mein Großvater väterlicherseits (1860-1940) war preußischer Amtsgerichtsrat in Stettin. Von ihm erzählte mein Vater (1901-1994), dass er eine gute, ausgebildete Bariton-Stimme besaß und in privatem Freundeskreise Lieder der Romantik mit Klavier-begleitung gesungen habe.

Meine Mutter war es, die mir als Siebenjährigem die ersten Töne auf dem Klavier beibrachte, nachdem ich ein Jahr vorher Noten und kleine Stücke auf der Blockflöte hatte lernen müssen.

Dies war die Zeit, als meine Mutter mit ihren drei kleinen Söhnen aus Stettin „evakuiert" wurde, d.h. es wurde kinderreichen Familien amtlich empfohlen, aus der unter Bombenangriffen leidenden Stadt in sicherere ländliche Orte umzuziehen. Nach der Flucht aus der Uckermark, noch rechtzeitig vor dem Russen-Einmarsch, konnte meine Familie bei Bremer Kaufmannsleuten in deren Vorstadtvilla im kärglich ausgebauten Dachboden Unterkunft finden. Mein Vater, Augenarzt, kam wenige Wochen nach Kriegsende unversehrt aus dem Osten per Fahrrad zu uns zurück.

Mit neu gewonnenen Freunden musizierte meine Mutter unter unserem Dach im Duo oder Trio. Ich durfte dabei Noten umblättern. Ein Klavierlehrer namens Walter Spörer nahm sich meiner an und versuchte, mir „leichtere" Stücke von Schumann, Mozart oder Beethoven beizubringen. Das gelang nur bedingt, denn Herr Spörer hatte, aus welchen schicksalsbedingten Gründen auch immer, jeglichen Humor und das Lachen verlernt. Ich fürchtete also die Klavierstunden und war froh, als ich eines Tages als Sechzehnjähriger ein Jahresstipendium vom American Field Service (AFS) in die USA erhielt und meine Klavierkünste fortan stagnierten. Auch spätere Versuche mit der Querflöte und der Klarinette scheiterten an mangelndem Durchhaltewillen. Es gab zu viele andere Versuchungen und Interessen. Ein Spielkamerad der Nachkriegsjahre erschloss mir den Jazz, und noch heute gilt mein Interesse nicht nur der klassischen Musik, sondern auch diesem musikalischen Genre.

„*Race, milieu, moment*"... es scheint mir, dass diese drei Einfluss-Faktoren nicht klar voneinander trennbar sind, sondern sich überschneiden. Erziehung, Bildung, „Zufälle" menschlicher Begegnungen, schicksalhafte Fügungen, alles prägt in der Tat den Menschen. Doch es gibt, wie schon gesagt, auch andere Dinge, die die eigene Persönlichkeit formen. Da ein Kulturmanager auch in gewissem Maße Führungsqualitäten besitzen sollte, suche ich in meiner Erinnerung nach Anlässen, die mir diese vermittelt haben könnten.

Als Ältester von drei Brüdern wurden mir immer wieder kleinere Verantwortungen zugetraut, ob als Flüchtlingsbub bei Kinder-Jobs, z.B. auf den uckermärkischen Kartoffelfeldern meine Spielkameraden beim Sammeln anzuleiten, Holzmieten aufzuschichten, oder in der Dorfschule als Älterer den Erstklässlern das kleine Einmaleins beizubringen. Das setzte sich fort nach Rückkehr aus den USA, als ich in unserem Gymnasium zum Schulsprecher gewählt wurde, nach dem Abitur Organisationsaufgaben im Rahmen des Schüleraustausches übernahm und in meiner Banklehrzeit und im danach folgenden Jurastudium so mancherlei freiwillige Ämter bekleidete, die meinem eigentlichen Studium nicht immer guttaten.

Nach einer Banklehre in Bremen und meinem Studium der Jurisprudenz begann der Referendardienst, die Suche nach einem Doktorvater. Ich habe ihn gefunden in dem deutsch-amerikanischen

Politologen Ernst Fraenkel, der in den sechziger Jahren am Berliner Otto-Suhr-Institut der Freien Universität lehrte. Ich verband eine Landgerichts-Station in Berlin als Referendar mit den für die Dissertation notwendigen Studien der Politologie und Geschichte an der FU und bestand das Rigorosum. Im Frühjahr 1966 heiratete ich Karin Schuppmann. Der Assessor jur. folgte ein Jahr später.

Mein Onkel Prof. Dr. Hans-Werner Osthoff hatte nach seiner Banklehre in Stettin Jura studiert und wurde nach Promotion und Assessor-Examen zum Militär eingezogen. Nach dem Kriege machte er Karriere in einem großen Stahlkonzern. Er meinte es gut mit mir und riet mir, nach dem Abitur nicht nur eine Bank-lehre zu absolvieren, sondern Jura zu studieren, „weil man damit alles werden kann", wie er sagte. Ich erinnere mich, dass ich damals davon nicht so recht überzeugt war und ich mit dem Gedanken spielte, doch lieber (als Sohn eines Augenarztes) beispiels-weise Mediziner zu werden.

Zwar sind meine dreizehn Jahre als Bankkaufmann, davon die letzten zweieinhalb Jahre als Leiter einer aufzubauenden Niederlassung einer deutschen Bank in München im Rückblick keine schlechte „Lehre" ge-wesen. Doch ist bei mir das wünschenswerte Gefühl der Identität von Beruf und Berufung in dieser Zeit nie entstanden.

Ich musste also erst Mitte Vierzig werden, um – gesteuert vom *‚moment'* und ermutigt von meiner Frau – das Berufswagnis meines Lebens einzugehen, indem ich einer Stellenausschreibung folgte, wonach für das entstehende Münchner Kulturzentrum „Gasteig" ein Geschäftsführer gesucht wurde, der diese und jene Erfahrungen mitbringen sollte, um bestimmte Aufgaben zu erfüllen.

Dass mir dieses Amt schließlich anvertraut wurde, lag möglicherweise u.a. an dem Umstand, dass ich mein „Gesellenstück", den erfolgreichen Aufbau einer Bankniederlassung, in die Waagschale werfen konnte. Nur... sollte ausgerechnet ein Banker die Geschäftsführung eines Kulturzentrums übernehmen können, auch wenn er wusste, dass Beethoven u.a. Klaviersonaten komponiert hatte? So mancher Rathaus-Politiker und Journalist hatte daran seine Zweifel. Ob mein Onkel Recht behalten sollte?

Das viereckige Ei rund brüten oder Kunst und Kommerz

Seit nunmehr über dreißig Jahren bin ich in diesem Metier tätig, davon 16 Jahre als Gasteig-Geschäftsführer, danach 15 Jahre bis Ende 2013 für die Bayerische Schlösserverwaltung als Betreiber des Hubertussaals im Schloss Nymphenburg und bis heute als selbständiger Kulturmanager und Musikveranstalter: *„Nymphenburger Sommer"* heißt unser jährlich seit 2004 stattfindendes Kammermusikfest im Hubertussaal des Schlosses Nymphenburg.

Wenn ich nun also für die technische, finanzielle und organisatorische Steuerung eines Kulturzentrums verantwortlich zeichnen sollte, um Musikaufführungen und andere kulturelle Projekte zu ermöglichen, ein Ort, der in der Presse noch zur Zeit seiner Eröffnung (schrittweise ab 1983 bis Ende 1985) in den Medien als „Kultur-Vollzugsanstalt" oder als „Millionen-Bunker" bezeichnet wurde, dann hieß das für mich Folgendes: Meine Vertragsvorgaben sahen vor, einerseits möglichst sparsam, Folgekosten in Millionenhöhe mindernd, andererseits gewinnorientiert eigenverantwortlich zu arbeiten.

Städtische Zuschüsse für Kulturprojekte wurden unserer Gesellschaft nicht gewährt. Diese blieben den städtischen Hauptmietern Münchner Philharmoniker, Stadtbibliothek, Volkshochschule und Richard-Strauss-Konservatorium, aber auch dem Kulturreferat unmittelbar vorbehalten.

Alles in allem erschienen die Rahmenbedingungen zunächst jedenfalls kaum geeignet, mit diesem Unternehmen das sprichwörtliche viereckige Ei rund brüten zu können.

Immerhin gelang es uns im Laufe der Jahre, aus prognostizierten Jahresunterdeckungen in Höhe von umgerechnet fünfzehn Millionen Euro städtischer Jahreszuschüsse nur noch fünf bis acht Millionen als Deckungsbeitrag einfordern zu müssen, also erheblich weniger, als das jeweils vorher genehmigte Budget vorsah. Das Gespenst „Nachtragshaushalt" hat uns daher in den 16 Jahren meiner Gasteig-Tätigkeit nie eingeholt.

Die Betriebsgesellschaft selbst konnte Rücklagen als eigenkapitalähnliche Mittel von einigen Millionen erwirtschaften. Es gelang uns, über viele Jahre mit kostendeckenden Eigenveranstaltungen ohne öffentliche Zuschüsse das vielfältige Programmangebot des Gasteig zu bereichern, Eigenveranstaltungen der Gasteig München GmbH, die heute kaum noch durchgeführt werden.

Eine allerdings ist bis heute zur Tradition geworden: Die festliche Musik am Nachmittag vor Heiligabend in der Philharmonie. Damit wollte ich alle Menschen erreichen, die an diesem Tage aus welchen Gründen auch immer nicht in die Kirche gehen oder die dem Weihnachtstrubel eine gute Stunde lang entfliehen wollen. Und sie kamen. Zunächst einige Hundert, dann immer mehr, die unserem treuen Elmar Schloter, Organist und Kustos der Klais-Orgel, mit Trompeten-, oder/und Gesangbegleitung lauschten. Nach dessen Tod setzt Edgar Krapp diese Tradition dankenswerter Weise fort.

Der Gasteig ist im Hinblick auf seine vier Sparten Philharmonie, Stadtbibliothek, Volkshochschule und Hochschule für Musik und Theater weltweit kaum mit irgendeinem anderen Kulturzentrum vergleichbar. Dieses große Zentrum ist als Kultur-, Bildungs- und Tagungszentrum unübertroffen: Wer den Gasteig mit offenen Augen besucht, wird alsbald feststellen, welch reichhaltiges Angebot ihm entgegengebracht wird. Und der Besucher wird beeindruckt sein von den vielen Menschen, die täglich – rund um die Uhr – von diesem Kulturangebot Gebrauch machen.

Die Münchner Stadtbibliothek und die Volkshochschule haben in den vergangenen Jahrzehnten insbesondere im Gasteig ein attraktives, lebendiges Eigenleben entwickelt, das seinesgleichen in Deutschland sucht. Gleiches gilt für die Münchener Philharmoniker und die damalige Musikfachhochschule im Gasteig, das Richard-Strauss-Konservatorium, das vor einigen Jahren in der Hochschule für Musik und Theater München aufgegangen ist.

Nicht zu vergessen sind die vielen privaten Veranstalter, für deren Betreuung vor Ort ich mich stets mit besonderem Engagement eingesetzt habe. Und schließlich gelang es uns, immer wieder Veranstaltungen wie Kongresse und Tagungen gegen Zahlung

einträglicher Mieten zu akquirieren. Sie standen
unter unserem Werbe-Slogan „*Tagen mit Kultur*".

Diese Veranstaltungen können jedoch nur begrenzt
gewonnen werden, weil die Philharmonie nicht als
multifunktionale Mehrzweckhalle, wie beispielsweise
die Philharmonie in Essen, geplant wurde: Die anstei-
genden Besucher-Ebenen mit fester Bestuhlung eig-
nen sich nicht für Bankett-Veranstaltungen, es fehlen
Seiten- und Hinterbühnen, ausreichende Lastenzüge
(letztere wurden erst später partiell nachgerüstet)
zur Hängung von zusätzlicher Beleuchtung, Laut-
sprechern, Traversen etc.

RÜCKBLICK AUF DIE GESCHICHTE DES GASTEIG

Die Entstehungsgeschichte des Münchener Kulturzentrums datiert bis in die fünfziger Jahre des 20. Jahrhunderts zurück. Schon Oberbürgermeister Joachim Vogel hatte damals den Plan, ein sogenanntes „Volkshaus für Kultur" zu schaffen. Es sollte an dem Platz stehen, wo heute die Zentrale der Bayerischen Landesbank residiert. Städteplanerische Bedenken ließen diesen Plan scheitern.

Der Bauunternehmer Georg Schörghuber schlug in den sechziger Jahren der Stadt vor, mit eigenen Mitteln eine Philharmonie auf dem Gelände des heutigen Arabella-Hochhauses zu errichten, um sie an die Stadt zu vermieten. Die Münchner Philharmoniker widersetzten sich diesem Plan, weil sie die Abhängigkeit von einem Privateigentümer dieses Saales fürchteten und favorisierten den Bau einer Philharmonie in städtischem Eigentum.

Als Standort wurde schließlich das Gelände des heruntergekommenen ehemaligen städtischen Altenheims an der Rosenheimer Straße / Am Gasteig gewählt. Das Altenheim wurde abgerissen. Im Frühjahr 1978 wurde mit dem Bau des Gasteig-Kulturzentrums begonnen, damals mit einem Finanzierungsvolumen von 75 Millionen DM projektiert.

Infolge dramatischer Kostensteigerungen, deren vielfältige Gründe hier nicht aufgezeigt werden können, schrillten Anfang der Achtziger Jahren im Rathaus die

Alarmglocken: Die voraussichtlichen Kosten für den Bau beliefen sich inzwischen, vier Jahre nach Baubeginn, auf 374 Millionen DM!

Auf Anregung des Baufinanz-Experten Dr. Wilhelm Bezold entschloss sich die Stadt, eine eigene Leasing-Objektgesellschaft zu gründen, dieser ein Erbbaurecht durch die Eigentümerin Landeshauptstadt München einzuräumen und mittels einer kommunalen Leasing-Finanzierung und einer gleichzeitig zu gründenden, der Stadt München gehörenden Gasteig Betriebsgesellschaft die Kosten einigermaßen (u.a. durch Einsparungen von Umsatzsteuern und den erbarmungslosen Gebrauch des Rotstifts, sowie später einer kaufmännisch ausgerichteten Betriebsführung) in den Griff zu bekommen.

Der Leasing-(Objekt)-Gesellschaft wurde der Beirat unter Führung des Bürgermeisters Dr. Winfried Zehetmeier und des zum Geschäftsführer bestellten Dr. Bezold zur Seite gestellt. Dieser Beirat, deren Mitglieder u.a. aus Vertretern des Stadtrats, der Projektsteuerung, der Leasing-Firma LHI und der Stadtkämmerei (als Geschäftsführer der Gasteig GmbH wurde ich als permanenter „Gast mit Rederecht" zugelassen), hatte die Aufgabe, alle wesentlichen zukünftigen Bauentscheidungen zu treffen und zu begleiten.

Deren erste Beirats-Sitzung fand am 3. Oktober 1982 statt. Immerhin gelang es mit dieser Konstruktion, die Endabrechnung des Bauvorhabens Gasteig im Jahr 1985 auf 325 Millionen DM zurückzufahren. Und die jährlichen Betriebskosten blieben jedenfalls während meiner Dienstzeit bis 1998 Jahr für Jahr deutlich unter den jeweiligen penibel vorgeprüften Budget-Ansätzen.

Intendant oder Geschäftsführer?

Man mag bedauern, dass das Musikgeschehen in der Philharmonie, im Carl-Orff-Saal und dem sogenannten Kleinen Konzertsaal keine charakteristischen „Linien", keine inhaltlich-programmatischen Konzeptionen bietet, die man in von Intendanten geleiteten Konzerthäusern wie beispielsweise in Berlin / Konzerthaus, Düsseldorf, Dortmund, Essen, Köln oder Leipzig vorfindet (siehe dazu die Kommentare im Anhang). Dies liegt vornehmlich an der Tatsache, dass in München wie in kaum einer anderen Stadt jedenfalls bis heute eine Vielzahl von staatlichen, kommunalen und privaten Konzertveranstaltern die Gasteig-Säle in Anspruch nehmen und daher eine eigene „Gasteig-Handschrift" nicht möglich ist. Diese findet sich allenfalls in der jeweiligen Programmgestaltung der Veranstalter selbst.

Die für den Gasteig gelegentlich verwendete Formel „Vielfalt statt Beliebigkeit" ist letztlich inhaltslos. Denn diesseits der legitimen Grenzen der Vermietbarkeit (Anfragen für eine Erotik-Messe, aber auch für parteipolitische Wahl-Veranstaltungen wurden von mir stets abschlägig beschieden), gab und gibt es bis heute Veranstaltungen, die an Qualität oder Niveau zu wünschen übrig lassen. Daran konnten wir nichts ändern, denn es war und ist bis heute nicht die Aufgabe des Gasteig-Geschäftsführers, primär als programmatisch gestaltender Intendant zu agieren, sondern diesbezüglich vornehmlich als Saalvermieter öffentlicher Säle, abgesehen von eigenfinanzierten sogenannten Eigenveranstaltungen der Gasteig München GmbH, tätig zu sein.

Im Hinblick auf die zunehmend sich stellenden Fragen nach neuen Formen der Musikvermittlung, Interaktion von Künstlern und Publikum, der Veränderung der Altersstruktur und Interessen oder Konkurrenz neuer Medien, werden auch die Gasteig-Verantwortlichen nicht darum herumkommen, sich mit diesen Themen zu beschäftigen: Spätestens rechtzeitig vor dem „Heimfall" des Gasteig-Gebäude-Eigentums an die Stadt im Jahre 2030 sollte ernsthaft darüber nachgedacht werden, ob nicht beispielsweise ein Intendant für die künstlerische Handschrift von Musik-Angeboten verantwortlich sein sollte, dann allerdings ausgerüstet mit ausreichenden städtischen Etat-Mitteln.

Dies wäre ein Weg, um dem Vorwurf der Stagnation in Sachen zeitgemäßer Münchener Musik-Angebote aktiv und innovativ entgegen zu treten. Würde man heute einem Gasteig-Geschäftsführer die Intendanten-Macht verleihen, gäbe es vermutlich zunächst einen Aufstand nicht nur der privaten Veranstalter gegen diese neue Konkurrenz. Diese sehe ich jedoch dann nicht, wenn der Gasteig-Intendant Lücken schließen würde, die weder die staatlichen und kommunalen Orchester, noch die privaten Konzertveranstalter zu füllen bereit oder in der Lage sind.

Ich habe im Anhang meine Kollegen der o.g. Konzerthäuser zu Wort kommen lassen und zusammenfassend die Stellungnahmen der Münchner privaten

Konzertveranstalter, insbesondere auch Andreas Schessl / MünchenMusik, zu diesem Thema zitiert, damit sich der Leser mit deren Plädoyers für bzw. gegen eine Intendanz, und damit für oder gegen einen Verwaltungs-Geschäftsführer auseinandersetzen kann.

VERSTÄNDNISFRAGEN

Im Rückblick auf meine Gasteig-Tätigkeit bekenne ich, dass es mir trotz nachweislicher finanzieller Erfolge nie wirklich gelungen ist, die für unsere Gesellschaft verantwortlichen Politiker davon zu überzeugen, wie wichtig unternehmerische, kaufmännische Komponenten eines derartigen Unternehmens sind. Ich hatte das Modell einer abgewandelten Public-Private-Partnership vor Augen, worin sowohl unternehmerische Freiräume einer Betriebs-GmbH als auch die Vorgaben zur Sicherung städtischer Belange enthalten sein sollten. Ich habe jedoch erfahren müssen, dass so manchem Politiker das Verständnis für unternehmerisches Handeln und für die Erkenntnis fehlte, dass Steuermittel zunächst einmal verdient werden müssen, bevor sie für das bonum commune ausgegeben werden können. Da half mir auch nicht eine Präsentation vor unserem Aufsichtsrat zum Thema der wirtschaftlichen Optimierung unserer zukünftigen Saal-Ressourcen, pro bono brillant vom McKinsey-Chef Prof. Dr. Herbert Henzler vorgetragen.

Zwar habe ich jährlich Pressekonferenzen abgehalten, um neben Rück- und Ausblicken zu Kulturprojekten und deren Auslastung auch die wirtschaftlichen Eckdaten einer breiteren Öffentlichkeit nahe zu bringen. Doch mangelte es häufig an kompetenten Journalisten (sie kamen entweder aus der Sparte „Lokales" oder „Feuilleton", mit wenigen Ausnahmen aus dem Bereich „Wirtschaft"), um die zugegebenermaßen schwierige Materie (u.a. kommunales Leasing, unterschiedliche Bemessungsgrundlagen für Markt- und Kostenmieten etc.) in ihrer „Schreibe" korrekt wiederzugeben. Und ich füge noch eine Erfahrung hinzu: Sowohl in städtischen Diensten, als auch später, im Schloss Nymphenburg für das Land Bayern arbeitend, habe ich immer wieder feststellen müssen, dass das unflexible kameralistische System zu vermeidbarer Geldverschwendung führen kann. Erfreulich war es daher, dass der Freistaat sich gelegentlich, wenn auch nur infolge des besonderen Einsatzes des damaligen Finanzministers Prof. Kurt Faltlhauser, des Subsidiaritätsprinzips erinnert hat, indem wir im Schloss Nymphenburg als rechtlich unabhängiger Dienstleister und Vertragspartner der Bayerischen Schlösserverwaltung für das Veranstaltungsmanagement der seit 2003 renovierten drei Säle, das sind der Hubertus-, Orangerie- und Johannissaal, tätig geworden sind.

Aber ich schränke letztlich ein: In der staatlichen Verwaltung sind wir – trotz unbestrittener Erfolge – stets ein Fremdkörper geblieben. Dazu nochmals später.

Kandidaten-Auswahl

Es ist gut, wenn einem Auswahlgremium eine Regie-
panne nur einmal unterläuft. Die für den Gasteig ver-
antwortlichen Rathaus-Politiker haben anlässlich der
Wahl meiner Nachfolgerin jedenfalls nicht den un-
verzeihlichen Fehler wiederholt, der ihnen unterlief,
als sie mich und weitere sieben Endkandidaten für
den Posten des Gasteig-Geschäftsführers zu exakt
derselben Zeit und in denselben Warteraum zum
„Vorsingen" ins Rathaus einluden. Da ich meinem
Arbeitgeber noch nicht gekündigt hatte, war mir
diese Situation nicht gerade sympathisch. Denn im-
merhin erkannte ich zwei der wartenden Konkurren-
ten, diese hingegen mich glücklicherweise nicht.

DIE SCHULE DES SEILTANZES

Schon am Tage meiner Ernennung zum Geschäftsführer und deren Bekanntgabe an die Presse beginnt mein Lernprozess im Umgang mit den politischen Kräften im Rathaus und den Journalisten.

Mittags werde ich von Journalisten der vier lokalen Zeitungen angerufen und um ein Interview gebeten. Da ich nicht bereit bin, mich telefonisch zu äußern, glaube ich gut daran zu tun, mich mit jedem der Herren in zeitlichem Abstand von zwei Stunden an unterschiedlichen Orten zu verabreden und dies meinem mir schon bekannten Interim-Vorgänger der „Münchner Philharmonie am Gasteig GmbH in Gründung", einem Herrn im Rathaus-Direktorium, mitzuteilen.

Zehn Minuten später ruft dieser mich zurück: Ich möge die Journalisten-Termine doch bitte stornieren, weil sich der Herr Kulturbürgermeister und gleichzeitig Aufsichtsratsvorsitzender unserer zukünftigen Gesellschaft vorbehalten habe, morgen eine Pressekonferenz zusammen mit dem Kulturreferenten und mir anzuberaumen. Und so geschieht es. Ich merke an, dass alle folgenden Pressegespräche und Pressekonferenzen keiner Abstimmung mehr mit dem Rathaus bedurften.

Im Laufe meiner 16-jährigen Amtszeit habe ich nacheinander mit drei Oberbürgermeistern und fünf Aufsichtsratsvorsitzenden   /   Kulturbürgermeister verschiedener Partei-Couleur dienstliche Kontakte gehabt.

Herr Dr. Winfried Zehetmeier (CSU) war u.a. als Ex-Oberstudiendirektor, Kunstkenner und begabter Hobby-Maler ein loyaler Partner, der zu Beginn des „Abenteuers Gasteig" viele unkalkulierbare Risiken – und dazu gehörte u. a. meine Bestellung zum Geschäftsführer – zu meistern hatte.

Seine persönliche Freundschaft mit dem damaligen Kulturreferenten Dr. Jürgen Kolbe, der sich jahrelang mit der Tatsache schwertat, dass der Gasteig nicht mehr dem Kulturreferat unmittelbar unterstellt war und daher in mir insoweit den geborenen „Rivalen" sah, hat Zehetmeier nach dem Grundsatz „Trennung zwischen privat und dienstlich" stets korrekt eingeordnet.

Ihm folgte Herr Dr. Klaus Hahnzog (SPD), ein begabter Volljurist und Ex-Verfassungsrichter, ein überzeugter „Linker", der stets die weiße Friedenstaube am Revers trug. Die Zusammenarbeit mit ihm hat mir große Freude bereitet. Seine Fairness, sein sachlicher und ruhiger Führungsstil haben mein gelegentliches Temperament in Aufsichtsratssitzungen wohltuend gezügelt, wenn er mir leise ins Ohr flüsterte: *„Lassen Sie den Herrn X doch ruhig ausreden, selbst wenn es Unsinn sein mag!"*

Sabine Csampai (Die Grünen) habe ich jedenfalls als Aufsichtsratsvorsitzende kommentarlos im Gedächtnis. Es handelte sich um ein „neutrales" Intermezzo.

Es folgte der damals noch als Kulturbürgermeister amtierende Christian Ude (SPD). Mit ihm habe ich dank seiner vielseitigen Interessen und Begabungen eine gute Strecke des beruflichen Zusammenwirkens positiv zurücklegen dürfen. Er hat den Aufsichtsrats-posten Gasteig nach seiner Wahl zum Oberbürger-meister zu meinem Leidwesen niedergelegt, dennoch verfolgte er die Geschicke unseres Unternehmens „aus höherer Warte" (wie auch sein Vorgänger Georg Kronawitter als OB) weiterhin mit Wohlwollen.

Ihm folgte Hep Monatzeder (Die Grünen), der sich mit großem Einfühlungsvermögen und schnell in die ihm bis dahin fremde Materie dieses komplexen Un-ternehmens eingearbeitet hat. Auch er war ein ange-nehmer Partner, dem ich bis zu seinem Ausscheiden aus dem Bürgermeisteramt beim jährlichen Wies'n-Trachtenvereins-Umzug (er in der blumenge-schmückten Amtskutsche sitzend, ich zwischen Schaulustigen am Straßenrand stehend) zuwinkte.

Anzumerken bleibt, dass die Nachfolger des Kultur-referenten Kolbe keinerlei Ambitionen hatten, dem Gasteig-Geschäftsführer das Leben schwer zu ma-chen: Die Zusammenarbeit mit den Herren Siegfried Hummel (SPD) und danach Prof. Dr. Julian Nida-Rü-melin (SPD) gelang reibungslos.

Die anfangs jährlich viermaligen, dann nur noch alle Halbjahr stattfindenden Aufsichtsratssitzungen wa-ren stets eine besondere Herausforderung und lie-ßen, insbesondere in den ersten Jahren, vor deren Beginn meinen Adrenalin-Spiegel steigen. Denn es ging nicht nur um viel Geld, sondern häufig um Entscheidungen, die entweder nach parteipolitischer Raison oder aus persönlichen Gründen der Aufsichtsratsmitglieder zu unterschiedlichen Mehrheiten führen konnten. Mein ausdrücklicher Wunsch, in diesem Gremium wenigstens einen Fachmann, z.B. einen (pensionierten?) Kulturmanager aus einem vergleichbaren Hause (z.B. Alte Oper Frankfurt) begrüßen zu dürfen, ist nie erfüllt worden. Ich vermute, dass diese Posten – mit Sitzungsgeld dotiert – als begehrte „fringe benefits", also zusätzliche Wohltaten in Form von Aufwandsentschädigungen, betrachtet werden.

Erst im Laufe der Jahre stellten sich Routine und eine Balance ein, sodass ich die Seiltänze zwischen den verschiedenen Parteien nicht mehr fürchtete. Ich habe es stets vermieden, mich dem einen oder anderen Lager, beispielsweise mittels des Werkzeugs einer vertrauten „Du-Beziehung", aus opportunistischen Gründen anzubiedern. Möglicherweise hat mir meine konservative Abstinenz von „Stammtisch-Freundschaften" nicht immer genützt. Aber ich stelle rückblickend fest, dass ich mich mit dem Neutralitätsprinzip wohl gefühlt habe und letztlich mit allen wechselnden Partei-Mehrheiten im Rathaus zurechtgekommen bin, ohne dabei „everybody's darling" zu sein.

Gasteig Philharmonie in der Rohbau-Phase 1982
(Foto: Eike Rollenhagen)

Unter blauem Himmel

Im Oktober 1982, gleich nach Beginn meiner Amtszeit, besuche ich den trutzig und riesig erscheinenden Beton-Rohbau Gasteig. Viereinhalb Jahre sind seit dem ersten Spatenstich vergangen.

Der Münchner blaue Herbsthimmel leuchtet hinein in das noch dachlose Amphitheater-Halbrund der zukünftigen Philharmonie. Geschützt mit einem weißen Helm, wie ihn die Leute am Bau tragen, klettere ich über die in hellgrauem Rohbeton gegossenen Stufen bis hinauf in die obersten Ränge. Oben angekommen, schaue ich wie auf kahle Weinberge hinab, zu deren Füßen das breite Trapez des zukünftigen Musikpodiums.

Die virtuellen Innenansichten der zukünftigen Philharmonie haben mir die Architekten schon gezeigt: Eine hell-ockerfarbene Wandverkleidung aus amerikanischer Roteiche soll den Saal auskleiden, die Holzdecke geformt wie eine riesige Meeresmuschel, gerippt mit konkav-konvex geformten Elementen, die vom Podium her strahlenförmig in Stufen bis zur breiten Rückfront auslaufen, an den oberen Deckenseiten links und rechts bestückt mit balkonartigen Rundungen, die die Millionen Töne in den Saal reflektieren sollen.

Die oberen „Weinberge" sind mittig durch einen Sporn geteilt, sodass sich der Saal-Grundriss wie ein Herz mit zwei Klappen zeigt. Diese beiden oberen Saal-Segmente sollten ursprünglich mit aus dem

Dach kommenden Teleskopwänden getrennt werden können, damit der Saal eine variable Raumgröße und damit unterschiedliche Zuhörer-Kapazitäten erhielte. Doch diese technische Finesse wurde schon während des Baus aufgegeben, vornehmlich aus Kostengründen, zum anderen, weil man befürchtete, die Akustik würde nicht allen Saal-Varianten gerecht werden. Heute dient der Sporn lediglich zwei Technik-Kabinen für Projektions- und Lichtregiezwecke.

Mein Eindruck von diesem noch unfertigen Saal ist überwältigend. Bis zu 2.400 Menschen werden hier eines Tages Musik hören können. Ob der Saal ihnen das erhoffte Gemeinschaftsgefühl vermitteln würde? Ob die Nachhallzeit der Klänge und die Akustik nach allen vorangegangenen Berechnungen und Modellversuchen positive Ergebnisse bringen würden?

Von meinem Platz aus hoch oben schätze ich die Entfernung bis unten zur Podiumsmitte auf etwa 50 Meter. Werde ich dem Publikum hier oben Leih-Ferngläser anbieten müssen? Wird das Pianissimo der Streicher hier noch gehört? Wie viel Zeit werden Besucher benötigen, um von der Bel-Etage, der ersten Foyer-Ebene, bis hierher in die obersten Blöcke zu gelangen?

Diese und andere Fragen gingen durch meinen Kopf. Doch gemach: Noch wusste ja niemand, wann das erste Konzert erklingen würde, ob in zwei oder erst in drei Jahren. Und bis dahin gab es tausend andere Aufgaben, die der Geschäftsführer einer neuen Betriebsgesellschaft, von Null beginnend, zu lösen hatte.

Dazu gehörten die Schaffung einer Betriebsstruktur, die Suche nach geeigneten Mitarbeitern, Budget-Hochrechnungen für Betriebskosten, die Erstellung von Zeitplänen, laufend anzupassen an den jeweiligen Baufortschritt, PR-Arbeit und Marketing für einen noch weitgehend ungeliebten Fremdkörper im Stadtteil Haidhausen.

Und last but not least mussten die von mir zu Beginn völlig unterschätzten Rivalitäten zwischen den fünf zukünftigen Gasteig-Hauptmietern (Münchner Philharmoniker, Stadtbibliothek, Volkshochschule, Richard-Strauss-Konservatorium, Gasteig Betriebsgesellschaft) und dem städtischen Kulturreferat im Hinblick auf Büro-Raumzuteilung und Saalnutzungsprioritäten überwunden werden.

Ich füge an, dass sich meine Mitarbeiter der ersten Stunde hervorragend bewährt haben. Mein Stellvertreter Ingomar Faull und Frau Karin Syttkus beispielsweise haben in der Betreuung des Personal-, Betriebs- und Finanzwesens für die Mitarbeiter/innen unschätzbare Dienste geleistet.

Gleiches galt für meine treue Sekretärin Hildegard Aichele, sowie für die Mitarbeiter der Bereiche Bühne, Heizung/Klima/Lüftung und anderer Handwerkssparten, sowie für den Veranstaltungsbetrieb und die Öffentlichkeitsarbeit.

AUDIENCE DEVELOPMENT

Das Thema *„audience development"*, d.h. das Bemühen um Gewinnung und dauerhafte Bindung eines Publikums an die jeweiligen Kultur-Anbieter, wird von allen Veranstaltern zunehmend ernst genommen. Hierzu gehören nicht nur die Qualität der Kultur-Angebote, sondern auch Aspekte wie Kartenpreis-Struktur, regelmäßige Informationen, Dialoge zwischen Anbietern und Konsumenten (ein gutes Beispiel gaben die Münchner Philharmoniker in Form einer öffentlichen Fragestunde: Auf dem Podium der Generalmusikdirektor, der Intendant, der Orchestervorstand, im Saal das Abonnement-Publikum). Schließlich spielen u.a. das Ambiente des Veranstaltungsortes und dessen Verkehrsanbindung, der Garderoben-Dienst, saubere Toiletten oder die gastronomische Versorgung eine wichtige Rolle. Alle diese Ziele im Sinn, musste ich jedoch zu Beginn meiner Tätigkeit mit anderen Problemen fertig werden.

Die Nachbarn der riesigen Baustelle leiden seit Jahren unter Lärm, Dreck und einer zusehends wachsenden Betonburg vor ihren Fenstern. Sie protestieren auf Bezirksversammlungen und machen ihrem Ärger in der Lokalpresse Luft.

Daher lade ich nicht nur alle unmittelbar Betroffenen, sondern auch über die Presse interessierte Bürger ein, um ihnen in organisierten Führungen durch das Haus unser Kulturzentrum nahe zu bringen. Nur schwindelfreie Besucher, mit Helmen ausgerüstet, erhalten die Gelegenheit, über gesicherte Bautreppen und Stege, die mitten in der Philharmonie bis unter die entstehende Holzdecke führen, einen ungewohnten, einmaligen Eindruck dieses Raumes zu genießen. Am Schluss der Führungen erklingen musikalische Kostproben eines Blechbläser-Ensembles des Richard-Strauss-Konservatoriums.

Aus einer benachbarten Grundschule, die insbesondere Musikerziehung fördert, habe ich eine Klasse eingeladen, den entstehenden Gasteig mit von uns gestifteten Mal-Utensilien zu Papier zu bringen. Die Kleinen sitzen gegenüber in der Grünanlage und fertigen eifrig ihre „Werke" an. Anschließend spendieren wir eine Brotzeit. Die prämierten Ergebnisse werden in der Presse veröffentlicht, ein Bild erscheint in unserer ersten Gasteig-Broschüre.

Der insbesondere von der Presse immer wieder bemühte Unkenruf, das Publikum würde beim Anblick der mächtigen Architektur des Gasteig eine unüberwindbare Schwellenangst beschleichen, hat sich nach seiner Eröffnung nicht bestätigt. Im Gegenteil: Ich habe nie mehr so viele Warteschlangen erlebt, wie in den ersten Jahren nach der Eröffnung des Gasteig, von Menschen, die sich für Volkshochschul-Kurse einschreiben lassen wollten, oder die nach Karten für Philharmonie-Konzerte anstanden.

DAMEN AUF DEM STRICH?

Der Gasteig-Bau steht vor seiner Vollendung. Der Weg vom S-Bahn-Aufgang durch die offene, zugige Passage und der große Platz vor dem Gebäude, heute Celibidache-Forum genannt, sollen alsbald gepflastert werden. Die Architekten haben die üblichen mittelgrauen Natur-Granitwürfel – 8 cm im Kubus-Maß – ausgewählt, anmutig unterbrochen von großen Halbrund-Bogen aus dunklerem Material.

Die Arbeiten schreiten munter voran. Ich inspiziere das Werk. Da kommen mir Bedenken: Die Steinfugen, noch locker mit Sand eingeschlämmt, könnten den Philharmonie-Besucherinnen in Stöckelschuhen zu schaffen machen und zum Verhängnis werden! Eine flugs einberufene Kommission, bestehend aus den Architekten, Vertretern des städtischen Bauamts und uns wägt ab: Soll man ein etwa ein Meter breites, fugenloses Steinband aus solidem Granit vom S-Bahn-Aufgang bis zur Philharmonie verlegen und damit die gefälligen Bogenmuster zerschneiden? Dann könnten die Damen unbeschadet auf diesem vorgegebenen „Strich" ihr Ziel erreichen! Oder nimmt man bis auf weiteres, d.h. bis sich die Fugen verfestigt haben, das erwartete Malheur mit Haftungskonsequenzen in Kauf? Die ästhetischen und zudem finanziellen Bedenken gegen die Verlegung von Granitplatten als „Laufweg" sind mit Hinweis auf den nahe liegenden „Strich"-Vergleich unschlagbar. Mir ist bis heute kein Stöckelschuh-Unfall bekannt geworden.

FRAUEN ODER DAMEN?

Unseren Parkplatz suchenden Damen will ich etwas Gutes bieten: Ich lasse in der Tiefgarage nahe der Ausfahrt und der Parkhauswache einige Stellplätze gut sichtbar beschriften mit „Parkplätze für Damen". Der dringenden Empfehlung aus einer hier nicht näher zu erläuternden Ecke, diese Plätze doch lieber als „Frauen-Parkplätze" auszuweisen, bin ich nicht gefolgt. Inzwischen ist der in Worte gefasste Hinweis durch blau-weiße Symbol-Schilder, ein P mit einer weiblichen Person zeigend, ersetzt worden, demnach wahlweise für Frauen o d e r Damen.

DAS DRINGENDE BEDÜRFNIS

Auch die Herren sollen nicht zu kurz kommen. Seit weit über hundert Jahren steht hinter dem Gasteig in der Kellerstraße ein schmiedeeisernes, hübsch mit Relief-Kassetten aus Rosetten-Mustern und Girlanden geschmücktes kleines Pissoir: für jedermann ohne Türen frei zugänglich, aber dennoch uneinsehbar. Es verrostet zusehends.

Ich entschließe mich, dieses historische, denkmalgeschützte Kleinod zu retten. Die Stadt hat auf Anfrage hierfür keine Mittel. Also bitte ich unseren Freund Dr. Arthur Sellier, Verleger, um die Finanzierung fehlender Rosetten, denn er kennt sich aus mit historischen Modeln.

Anschließend bemühe ich unsere Handwerker, die notwendigen Reparaturen vorzunehmen und das Gehäuse mit dunkelgrüner Farbe neu zu streichen. Unsere Reinigungsfirma wird pro bono regelmäßig für das Übrige sorgen.

Unter Anwesenheit des Kommunalreferenten, Vertreter der städtischen Denkmalspflege, unserer „Restauratoren", einem Bläser-Ensemble des Richard-Strauss-Konservatoriums sowie der geladenen Lokalpresse (SZ vom 25./26.11.1995 berichtet über die *Anmut des Prosaischen*") weihen wir die ehrwürdige Stätte mit einem Tusch zu erneutem Nutz und Frommen, nein, zur Erleichterung der zum Gasteig vorüber eilenden Herren der Schöpfung ein. Es wird Bier vom Fass ausgeschenkt.

Dem Chronisten ist nicht in Erinnerung, wer an diesem Festtage als Erster von der restaurierten Örtlichkeit Gebrauch gemacht hat.

Wenn ich heute an diesem Ort vorbeikomme, beschleicht mich Wehmut: Zwar existiert das historische Relikt nach wie vor, aber Schmierfinken haben weiße Schriftzüge auf dem Grün hinterlassen, die Zugänge sind vergittert worden. Ob die Reinigungsfirma ihren Ehrendienst eingestellt hat? Oder handelt es sich um eine pfiffige Marketing-Idee des Gasteig, mit dieser Blockierung die Herren zu zwingen, die entsprechenden Lokalitäten ausschließlich im Gasteig zu benutzen in der Hoffnung, dass sie nach vollzogener Verrichtung dessen vielfältige Kultur-Angebote unbeschwert annehmen?

STREIT UM FUNDRAISING

Ahnend, dass ich mit der Gasteig GmbH von deren Alleingesellschafterin Landeshauptstadt München keinen Zuschuss für kulturelle Eigenveranstaltungen erhalten würde, ich aber nicht nur Säle an Drittveranstalter vermieten, sondern auch eigene Kulturprojekte verwirklichen will, lasse ich von Freunden einen Förderverein, den „Kulturkreis Gasteig e.V." gründen. Als vorsichtiger Geschäftsführer gebe ich dieses Vorhaben dem Aufsichtsrat meiner Gesellschaft zur Kenntnis.

Dessen Vorsitzender, Bürgermeister Dr. Klaus Hahnzog, ruft mich vierzehn Tage später an. Er habe da einen mich wohl interessierenden Brief unseres Kulturreferenten und gleichzeitig stellvertretenden Aufsichtsratsvorsitzenden Dr. Jürgen Kolbe erhalten, den er mir nicht vorenthalten wolle. Aus Gründen der Vertraulichkeit bittet er mich, ihn im Rathaus zu besuchen. Stumm reicht mir Hahnzog das Schreiben.

Ich lese: Sehr geehrter Herr Bürgermeister, lieber Herr Kollege, er, Kolbe, könne keinesfalls zulassen, dass Heintz via eines privaten Fördervereins Geld für Gasteig-Veranstaltungen generiere, denn er, Kolbe, täte das schon selber im Interesse der Stadt. Heintz könne jedoch gerne Fundraising betreiben, solange er die gewonnenen Gelder dem Kulturreferat abliefern würde. Hahnzog möge doch umgehend dafür sorgen, dass Heintz von der Gründung dieser Konkurrenz Abstand nähme.

Hahnzog bittet mich, ihm eine passende Antwort an seinen Kollegen zu entwerfen. Diese übernimmt er, ohne ein Wort zu verändern, auf seinem Briefpapier.

Das Ergebnis: Der Kulturkreis Gasteig ist wie geplant bis heute aktiv, ohne dass je auch nur eine Mark, ein Euro dem Kulturreferat zugeführt worden ist. „Unsere" Eigenveranstaltungen haben nicht nur das Gasteig-Angebot inhaltlich bereichert, sondern – ein willkommener Nebeneffekt – die Saalmieterlöse hieraus sind der Stadt zugutegekommen.

Kulturbürgermeister Dr. Winfried Zehetmeier als Dompteur der Kontrahenten Kulturreferent Dr. Jürgen Kolbe (links) und Autor (rechts), im Hintergrund OB Erich Kiesl, gezeichnet vom Karikaturisten Dieter Hanitzsch

Der Wunsch nach Eigenveranstaltungen

Zwar hatte ich nunmehr unseren Förderkreis gründen lassen. Aber es mussten noch weitere Hürden genommen werden, um infolge fehlender städtischer Finanzierungsmittel „eigene", d.h. von mir und der Gasteig GmbH verantwortbare und aus Kartenerlösen und nicht-öffentlichen Drittmitteln finanzierbare Konzerte, Theaterproduktionen u.a. auf unsere Podien bringen zu können. Mein Geschäftsführervertrag und der Gesellschaftervertrag standen diesem Vorhaben nicht entgegen. In der Praxis hingegen bedurfte es nicht nur einer längeren Auseinandersetzung mit meinem damals noch siebzehnköpfigen (!) Aufsichtsrat.

Städtischerseits standen meine Vorhaben unter dem Damoklesschwert insofern, als die Gasteig GmbH als Veranstalter dieser Produktionen am Ende jedes Jahres keine Defizite vorweisen, mögliche Überschüsse aber nicht als Rücklagen für zukünftige Veranstaltungen ins neue Jahr übertragen werden durften. Vielmehr hätten diese in den städtischen Finanztopf abgeführt werden müssen. Das waren Auflagen, die nach allen Erfahrungen im Kulturgeschäft nicht erfüllbar schienen.

Die Presse nannte diese schlitzohrigen Vorbedingungen der Stadt auf bayrisch „hinterfotzig", übersetzt hinterhältig, weil man hoffte, dass damit meine Vorhaben scheitern würden. Dass mir dieses Kunststück des jährlichen Finanzausgleichs für Eigenveranstaltungen über alle 14 Jahre dennoch gelungen ist, verdankte ich vornehmlich dem „Werkzeug" des Kulturkreis Gasteig, mit dessen Hilfe ich Spenden- bzw. die von mir akquirierten Sponsoren-Gelder zur Abdeckung von tatsächlich entstandenen Defiziten bzw. möglichen Unterdeckungen verwenden konnte.

Es wollte der Zufall oder unser Geschick, dass darüber hinaus keine wesentlichen Überschüsse entstanden, u.a. deshalb, weil wir das Instrument der „Höchstbetrags-Ausfallbürgschaft" seitens des Fördervereins nutzten, „Feuerwehr"-Gelder also, die nicht immer eingesetzt werden mussten. Und damit glichen sich das diesbezügliche Soll und Haben stets aus. Immerhin haben wir viele Jahre lang dreißig bis vierzig Eigenveranstaltungen ohne öffentliche Zuschüsse auf diese Weise generieren können.

Dies war u.a. den von mir gewonnenen, ehrenamtlich tätigen Mitgliedern des Gründungsvorstands Magdalena Harnischfeger-Ksoll, Renate Küchler, Dr. Wolfgang Heuss, Dr. Eckhard Klapp, Dr. Dr. Heinz Lässig, Rüdiger von Michaelis, Albert Riedl, Ruprecht Roever und später auch Wilfried Hiller, sowie den vielen späteren Vereinsmitgliedern zu verdanken.

Der Gefahr, dass unsere privaten Gasteig-Veranstalter und damit unsere Mieter meine Bemühungen um Ensembles und Künstler als „unlauteren Wettbewerb" brandmarken könnten, begegnete ich von vornherein, indem ich Nischen, Lücken in der Programmgestaltung suchte bzw. Künstler einlud, die nachprüfbar (noch) nicht von der Konkurrenz gefragt wurden.

Unsere Eigenveranstaltungen waren, nicht zuletzt im Hinblick auf die schon genannten Hürden, stets besondere Herausforderungen. Mein langjähriger Mitarbeiter Dr. Hartmut Dedert, bis zu seiner Pensionierung im Herbst 2014 Chef der Gasteig-Kommunikation, hat sich hierbei große Verdienste erworben. Dazu zählten insbesondere die von ihm jahrelang betreuten so genannten „Grenzgänge", Performance-Projekte in der Black Box unterschiedlicher Art, aber auch eine Reihe berühmter Stummfilme, z.B. von Charlie Chaplin, die mit Live-Orchester und auf Großleinwand in der Philharmonie einem begeisterten Publikum gezeigt wurden.

Nicht vergessen bleibt „Die besondere Reihe – Zwischen Tradition und Moderne", worin beispielsweise Luciano Berio mit seinem Orchestra della Toscana u.a. eine wunderbare, aus dreidimensionalen Klangquellen strömende Eigenkomposition, verwoben mit Schumann-Themen, das Publikum verzauberte. Auch Simon Rattle kam auf unsere Einladung mit seinem Birmingham Symphony Orchestra und war jedenfalls damals sehr angetan von unserer Philharmonie.

In Zusammenarbeit mit dem brillianten Geschäftsführer Jan Moytosch von Leo Kirch gegründeten Unitel präsentierten wir die berühmte Tetralogie des Richard-Wagner-Rings (1979/80) Pierre Boulez /

Patrice Chírau an einem Wochenende nonstop live eingeführt Donald McIntyre.

Und schließlich erfreute Dizzy Gillespie und seine Band drei Abende lang unser Jazz-Publikum.

Dreizehn Jahre lang, bis zu meiner Pensionierung, stand mir der Kulturkreis Gasteig bei der Mitfinanzierung unserer Kulturveranstaltungen hilfreich zur Seite. Meine Nachfolgerin hat diese Tradition nicht übernommen. Der Kulturkreis Gasteig hat fortan bis heute eigene Veranstaltungs-Projekte entwickelt.

Charlie Chaplin (Hortensia Völckers) in der Philharmonie zu Besuch. Rechts im Bild Dr. Hartmut Dedert, links der Autor

Pecunia non olet
oder der süssliche Tabakgeruch

Philip Morris, weltweit bekannter Zigaretten-Hersteller, produzierte in Deutschland seine „Marlboro" bis Ende der Neunziger-Jahre in einer Fabrik neben dem Münchner Verwaltungssitz. Der typisch süßliche Tabakgeruch zieht Tag und Nacht durch die benachbarten Straßen, sicherlich nicht zur Freude der Anwohner.

Ich habe Philip Morris als Sponsor für unsere Performance-Reihe „Grenzgänge" gewonnen. Irgendwie erfährt davon Frau SPD-Stadträtin Irmgard Mager. Sie bittet mich um ein Gespräch: *„Phillip Morris verpestet zum großen Ärgernis der Nachbarn vom Fabrikgelände die Luft, tagaus, tagein. Und Sie, lieber Herr Heintz, erhalten Sponsorengelder von diesem Verursacher für Ihre Kulturprojekte, die im städtischen Gasteig gezeigt werden sollen. Unsere Wähler, die Philip Morris-Nachbarn dort oben, werden darauf mit Unverständnis reagieren. Diese Sponsorengelder riechen...."* sie bitte mich daher dringend darum, diese nicht anzunehmen.

Ich erwidere, dass Philip Morris doch bekanntlich schon früher dem städtischen Kulturreferat erhebliche Sponsorengelder habe zukommen lassen. Im Übrigen sei dieses Unternehmen doch ein wichtiger Gewerbesteuerzahler. Aus diesem Steueraufkommen würde doch auch die städtisch subventionierte Kultur finanziert. Frau Stadträtin hat daraufhin nicht weiter interveniert. Sieben Jahre lang blieb uns unser Sponsor ein treuer Förderer.

Die Presse war in Sachen Kultur-Sponsoring Jahrzehnte lang merkwürdig spröde, wenn es um die Erwähnung nicht-staatlicher Kulturförderer ging, wozu das Spendenwesen, das Sponsoring, Mäzenatentum und andere Drittmittel-Quellen gehörten. Deren Grundhaltung: Die Nennung von Firmen als Sponsoren wäre Schleichwerbung und gehöre daher nicht in die Berichterstattung über Kulturprojekte.

Ich erinnere mich zum Beispiel gerne an ein Benefizkonzert, das ich mit Karl-Heinz Böhm in der Philharmonie für sein Äthiopien-Projekt „Menschen für Menschen“ veranstaltete. Vor Konzertbeginn trat ich auf die Bühne und dankte nicht nur dem Publikum für dessen Besuch und Kartenkauf, sondern nannte auch namentlich drei Firmen für deren Sponsor-Unterstützung. Daraufhin erhielt ich von der mir geschätzten Kulturjournalistin Dr. Beate Kayser in der Münchener Boulevard-Zeitung „tz“ folgende Quittung: *„Herr Heintz, derartige Amerikanismen schätzen wir hierzulande nicht!“*

Später, nach zwanzig Jahren, erwähnte sie in einer Musik-Rezension eine großherzige Unterstützung der Stadtsparkasse München für das betreffende Konzertprojekt. Darauf von mir angesprochen, tat sie mir Abbitte mit dem Bemerken, die Zeiten hätten sich ja doch längst geändert. Ich füge hinzu, dass es schon immer darauf ankam, wer welche Projekte förderte und wie geschickt eine Firma X ihre Unterstützung pressewirksam publizierte. Meister ihres PR-Könnens waren schon damals und sind es bis heute beispielsweise Unternehmen wie Siemens und deren Kulturstiftung, das BMW-Projekt „Oper für Alle", die Hypo-Vereinsbank via Hypo-Kulturstiftung etc..

Erst kürzlich schrieben drei führende SZ-Kritiker in Sachen Sponsoring-Rückzug Siemens von den Bayreuther Festspielen – man lese und staune – Folgendes: *„Wie Siemens hat sich auch Bayreuth weiterentwickelt, aber diese Entwicklungen kosten Geld. Das bekommt Siemens aus Quellen, die Bayreuth nicht hat, weil im Festspielhaus keine Kunstgeräte verkauft werden, sondern Kunst. Und deren Produktion ist auch bei Niedriglöhnen noch zu teuer, um allein durch Eintrittsgeld finanziert zu werden. Deshalb sind Sponsoren nötig. Wenn neben der grundgesetzlich verbrieften staatlichen Kulturförderung auch private Sponsoren einen Beitrag dazu leisten wollen, dann müssen sie verlässliche Partner sein. Das bedeutet: Sich langfristig zu engagieren"* (Wolfgang Schreiber, Olaf Przybilla, Helmut Mauró, SZ vom 9. September 2011).

Abgesehen von einigen „schiefen" Hinweisen, wie angeblich zu niedrige Niedriglöhne am Festspielhaus (die hohen Künstlergagen dürften wohl nicht damit gemeint sein?) oder „Opern durch Eintrittsgeld finanziert" (wo bleibt der Hinweis auf die staatliche Grundfinanzierung?), will ich anlässlich dieses Berichts hoffen, dass das unsinnige Tabu, private Sponsoren in der Presse zu nennen, endlich überwunden wird.

Internationales Networking

Zwei Triebfedern oder Motivationen haben mich von Anbeginn meiner Tätigkeit als Kulturmanager angespornt: Zum einen, so schnell und so gründlich wie möglich vergleichbare Kulturzentren und Konzerthallen in der Welt kennen zu lernen, um aus deren Stärken und Schwächen für „unseren" Gasteig Nutzen zu ziehen, zum anderen, ein persönliches Netzwerk aufzubauen. Glücklicherweise hat mein Aufsichtsrat das hierfür notwendige Reise-Budget stets genehmigt.

Einer meiner ersten Besuche bei „Kollegen" galt dem Managing Director Henry Wrong im Londoner Barbican Centre, einem großen, düsteren Beton-Ungetüm in hässlicher Stadtlage, das wenige Jahre vor der Gasteig-Eröffnung u.a. als Heimstatt des London Symphony Orchestra von Prinz Charles eingeweiht wurde. Henry Wrong hatte typische Züge eines englischen Gentlemans, also konservativ, und „businessdriven", die der „Chef" dieses Kultur-Unternehmens gerne durch seine gebieterischen Allüren zum Ausdruck brachte. Ich gewann schnell seine Sympathie, und er zeigte mir so manche organisatorische Schwachstelle seines Hauses, die ich im eigenen Betrieb später vermeiden konnte.

Die offensichtlich baulich-architektonischen Mängel unseres Kulturzentrums hingegen waren infolge des Baufortschritts ab 1982/83, also zu Beginn meiner Amtszeit, nicht mehr zu beheben. Beispielsweise fehlte der für VIP-Empfänge in allen vergleichbaren

Häusern der Welt vorhandene sogenannte „Green Room". Auf meinen Hinweis darauf erntete ich Unverständnis bei den Stadtpolitikern: Ein VIP-Raum für Empfänge etc. verstoße gegen das Prinzip des „Hauses für Jedermann". Auch eine adäquate Pausengastronomie für Gastorchester hat der Gasteig bis heute nicht zu bieten. Der kleine Aufenthaltsraum, reserviert als Kantine für die Münchner Philharmoniker, liegt versteckt im Zwischengeschoß und ist für die Musiker-Gäste aus aller Welt bis heute nicht benutzbar.

Nicht mehr realisierbar wegen des Baufortschritts war der Wunsch nach einem Konzertflügel-Aufzug in der Mitte des Podiumsbereichs. Warum nur haben die Architekten diese in allen anderen Konzerthäusern vorhandene Vorrichtung nicht mittig, sondern hinter die Podien-Seitenwand platziert?

Henry Wrong gab mir einen guten Rat auf den Weg: *„When setting up your staff, hire specialists for your key positions, who may well be smarter than you are, as long as you play your role as their chief leader with excellency!"*

Ich habe diese Empfehlung nie vergessen und bin nach meiner Erinnerung stets gut damit gefahren. Gleichwohl setzte ich auch auf mein „Bauch-Gefühl", um so schnell wie möglich Charaktereigenschaften eines Mitarbeiters zu ergründen, wozu neben Fachkenntnissen, Einsatzwille etc. vor allem Loyalität gehören sollte, ein Merkmal, dessen Gegenteil ich in meinen Berufsstationen in einigen Fällen schmerzhaft erfahren musste.

Henry, mein Mentor, wurde später zum „Sir" geadelt. Er lud mich, schon pensioniert, anlässlich eines London-Besuchs in „seinen" ehrwürdigen Herren-Club zum Lunch ein. Als ich während unseres Gesprächs einige mir interessant scheinende Zitate auf meinem Notizblock festhalten will, legt er seine Hand auf meine und flüstert: *„Please, don't write in here, this is strictly prohibited, being one of some traditional rules of our Club!"*

Die „International Society for Performing Arts" (ISPA), 1949 in New York gegründet von US-Künstleragenten und Veranstaltern der Musikbranche, entwickelte sich ab Mitte der Achtziger Jahre zu einer dem Namen gerecht werdenden internationalen Gesellschaft, in der u.a. auch Konzerthaus- und Tournee-Manager Zutritt fanden. Ich trat 1986 dieser Vereinigung bei und lud deren Mitglieder ein Jahr später zur jährlichen Sommerkonferenz nach München ein: Der Gasteig sollte auch den Kollegen in aller Welt ein Begriff werden.

Meine organisatorischen Ambitionen auslebend, habe ich in den folgenden Jahren weitere ISPA-Konferenzen in Wien, Paris und zuletzt im Jahre 2000 in Berlin vorbereitet. Die damit verbundenen Treffen und Vorgespräche mit Ehrengästen und Referenten wie Kurt Masur, Pierre Boulez, Dietrich Fischer-Dieskau, dem Architekten Daniel Libeskind und Jean Nouvel oder dem Kulturmanager Gerard Mortier, um nur einige zu nennen, sind bereichernde Begegnungen gewesen.

Bekanntlich ist die amerikanische Musikwelt stark von jüdischen Persönlichkeiten besetzt und geprägt. Auch in dem ISPA-Vorstand spiegelte sich dies wider. Als ich 1992 als bis heute einziger Deutscher zum ISPA-Präsidenten vorgeschlagen und gewählt wurde, war ich mir im Rückblick auf die besondere deutsch-jüdische Vergangenheit dieser Herausforderung durchaus bewusst. Ich habe viele positive Begegnungen und freundschaftliche Zusammenarbeit mit jüdischen ISPA-Kollegen erfahren dürfen, was natürlich auch auf die Gemeinsamkeit unseres wunderbaren, ideologisch unbelasteten Berufsfeldes, der Musikvermittlung, zurückzuführen ist. Und nicht zuletzt kamen mir meine Jugenderfahrungen als Austausch-Schüler des American Field Service 1952/53 in Lincoln/Nebraska und die dadurch gewonnenen Sprachkenntnisse und die Einblicke in den „American way of life" sehr zugute.

Aufgrund von Einladungen ausländischer Kulturministerien zu Kulturzentren und Konzerthäusern, wie z.B. in Australien, in Japan, in den USA und in Europa konnte ich meine Erfahrungen und Kenntnisse erweitern. *Learning by doing* blieb trotz allem mein Leitspruch bis heute.

DER, DIE, DAS GASTEIG

Den amtlichen, grundbuchamtlich eingetragenen Monster-Namen dieses Ortes, nämlich „Kulturzentrum am Gasteig", will ich den zukünftigen Besuchern und Taxifahrern nicht zumuten. Ich verkünde also der Presse, dass dieser Ort zukünftig „der Gasteig" heißen würde.

Worauf Lokal-Journalistinnen postwendend öffentlich meine Macho-Attitüde rügen mit der Frage, warum ich diesem Eigennamen ausgerechnet ein männliches Genus verpassen wolle. Wenn schon nicht „die" Gasteig, so doch bittschön lieber neutral „das" Gasteig?!

Bekanntlich hat sich **d e r** Gasteig durchgesetzt, nicht zuletzt im Hinblick auf die etymologische Wurzel des Wortes „Gasteig", altbairisch der „gache Steig", der steile Weg (vom rechten Isar-Ufer hinauf nach Haidhausen). Die kurze Straße am Fuße des Gasteig heißt nach wie vor „Am Gasteig".

Den uns von der Stadt verpassten überlangen Firmennamen „Münchner Philharmonie Am Gasteig GmbH in Gründung" lasse ich alsbald nach Amtsantritt ändern: Ich möchte damit u.a. verhindern, dass Briefe an die Münchner Philharmoniker irrtümlicherweise auf meinem Schreibtisch landen und umgekehrt. Die zu jener Zeit allein rechtlich zulässige Namensverkürzung auf „Gasteig Betriebsgesellschaft mbH" habe ich noch kurz vor meiner Pensionierung auf die dann genehmigungsfähige Kurzform „Gasteig München GmbH" ändern lassen können.

Auch mit der amtlichen Vertreterin der Weiblichkeit in der städtischen Verwaltung, einer Art Ombudsfrau, genannt „Gleichstellungsbeauftragte im Rathaus", gibt es kurz darauf Ärger: Weil der für den Gasteig beauftragte Wach- und Schließdienst-Unternehmer eine von mir verfasste Stellenanzeige veröffentlicht, wonach „charmante, nicht älter als 27-jährige, mindestens 1,70 m große Damen für den Einlassdienst" gesucht würden. Der uns seitens der Gleichstellungsbeauftragten via Presse veröffentlichte Vorwurf: Als ob es nicht auch 1,50 m große, 55-jährige Damen gäbe, die für diesen Job infrage kommen könnten! Typisch männliche Diskriminierungs-Attitüde, ausg'schamte!

Meine Antwort: Mindestgröße der (damals noch in blauen Kostümen gekleidete) Damen wegen Leuchtturm-Funktion für herumirrende, Eingänge suchende Besucher/innen! Altersgrenze wegen geringer Studentinnen-Job-Bezahlung. Charme wegen des Gasteig-Ambiente, den dieser Bau – siehe oben – so bitter nötig hätte!

Fazit: Noch heute, nach rund dreißig Jahren, sind die Einlassdamen jung geblieben, wenn sie auch nicht immer das gewünschte Mannequin-Maß mitbringen, dafür heute in streng-männlichen, dunkelgrauen Nadelstreifen-Tenue gewandet.

WASSERTAUFE

Nach rund sieben Jahren Bauzeit ist der Gasteig vollständig fertig gestellt. Die feierliche Einweihung der Philharmonie war schon ein Jahr vorher auf den 10. November 1985 festgelegt worden. Schon damals kontaktierte ich das Bundespräsidialamt, um den zukünftigen Bundespräsidenten zur Eröffnung einzuladen. Nach seiner Wahl sagte Richard von Weizsäcker zu. Sein Redenschreiber besuchte mich Monate vorher und recherchierte gründlich. Die Festrede enthielt dann auch kleine ironische Spitzen, verbunden mit dem Wunsch, die Philharmonie möge eine gute Zukunft haben.

Eine Stunde vor Beginn des Festakts bittet mich der Bundespräsident, ihm doch die Philharmonie zu zeigen. Wir fahren bis oben in die letzte Etage und unterhalten uns über die Aussöhnung mit Polen, ein Thema, das ihm zu jener Zeit besonders am Herzen lag und mich als geborenen Stettiner berührte. Wir setzen uns beide in die oberste Reihe im Block R und schauen herab auf die noch unbesetzten, weinbergartig gestaffelten Ränge des Saales. Nur ein Fotograf darf uns begleiten.

Ein Tag vor dem Eröffnungsakt. Generalprobe der Münchner Philharmoniker. Celibidache probt Bruckners Fünfte. Es ist 10 Uhr 50. Das Telefon läutet in meinem Büro: *„Wassereinbruch in der Philharmonie"*. Ich eile zum Ort des Geschehens und sehe, wie das Fernseh-Team seine Siebensachen ergreift, weil aus der Decke über dem linken oberen Rang, Block R, aus den Decken-Sprinklern Wasserströme fließen. Wie konnte das geschehen sein?

Später bewahrheitet sich unser Verdacht: Zu dichte Montage der Fernseh-Scheinwerfer an den Sensoren der Decken-Sprinkler, die bei über 70 Grad Celsius reagieren und das Wasser aus großen Speicher-Wannen über der Philharmonie-Decke ungehindert so lange in den Zuhörerraum strömen lassen, bis der letzte Tropfen ausgelaufen ist. Damit das F e u e r gelöscht wird, versteht sich!

Der Rest ist schnell erzählt. Celi dirigiert ungeniert weiter, die „Philis" spielen fortissimo, die nach wenigen Minuten herbeigeeilten Feuerwehr-Mannschaften schleppen Plastik-Eimer und Lappen herbei. Versuche, die Sprinkler von außen zu stopfen, misslingen. Vier Stunden dauert der Einsatz des Feudel-Kommandos, bis das Wasser entfernt und – soweit nicht von Menschenhand aufgefangen – in das Bauwerk und in die etwa fünfzig niegelnagelneuen roten Polstersitze eingesickert ist. Was bleibt zu tun?

2.387 Ehrengäste haben zur Eröffnung der Philharmonie zugesagt. Jeder Platz ist belegt. Sollen einige Ehrengäste mit nassen Hintern in den kalten Novembertag nach Hause gehen? Unser technisches Personal ist findig und fündig: Ruckzuck werden die durchweichten Sitze ausgebaut und in die Heizungs-Lüftungskeller des Hauses geschafft, wo sie im warmen Luftzug einer Dauerbehandlung bis zum nächsten Morgen um vier Uhr früh unterzogen werden. Der Rest ist Routine. Der leichte Holz-Wasser-

Geruch wird von Parfums und Rasierwasser der illustren Gäste überlagert.

Und noch etwas war uns wichtig: Die befürchtete Schlagzeile in der BILD-Zeitung am folgenden Eröffnungstag „Neue Gasteig-Philharmonie abgesoffen" ist nicht erschienen, weil alle Beteiligten dichtgehalten haben.

Eine Stunde vor der Einweihung: Bundespräsident Richard von Weizsäcker inspiziert die Philharmonie aus der Vogelperspektive, letzte Reihe, oberster Block R.

BESUCH IM RATHAUS

Der junge, charmante, bayerisch-geschmeidige Chef des Rathaus-Direktoriums Manfred Wutzlhofer möchte mich in die Gepflogenheiten und Geheimnisse der Beziehungen zwischen den Stadträten und vielen städtischen Beteiligungsgesellschaften, wozu auch unsere Gasteig GmbH gehört, einführen.

Dazu muss man wissen, dass mein siebzehnköpfiger Aufsichtsrat ein Monstrum ist, dessen Umfang ich erst Jahre später auf neun Mitglieder habe schrumpfen lassen können, bestehend aus Vertretern nach Proporz der im Rathaus vertretenen Parteien (damals CSU, SPD und FDP), ferner als Vorsitzender der sogenannte Kultur-Bürgermeister, der Kulturreferent als dessen Stellvertreter und ein Personalratsvertreter aus der Stadt. Ferner gehörten dazu je ein Vertreter des Bayerischen Rundfunks und der Münchner Philharmoniker, die sich oft wegen unerfüllbarer Sonderwünsche zu Plagegeistern entwickelten.

Auch diese Herren verschwanden nach dem Schrumpfungsprozess aus meinem Aufsichtsgremium. Und ich werde nicht vergessen, dass ein Mitglied unseres Aufsichtsrats, Stadtrat der CSU, von der Firma Siemens für dieses Amt freigestellt, alles – wenn auch vergeblich – in Bewegung setzte, um unsere öffentliche Ausschreibung zur Anschaffung eines erstmaligen EDV-Systems einschließlich Kartenvertrieb seinem Unternehmen zuzuschanzen. Diese Art von Vetternwirtschaft ist mir noch mehrfach begegnet.

Doch zurück zum Direktoriums-Chef: Will er mir doch dringend nahelegen, alle Stadträte, insbesondere aber die in meinem Aufsichtsrat vertretenen, mit Freikarten zu allen Philharmonie-Konzerten großzügig auszustatten. Denn, so seine Begründung, das sei doch überall üblich und würde mir viele Türen öffnen.

Ich zitiere preußische Tugenden wie Sparsamkeit und Vertragstreue, er aber meint, ich lebte doch in Bayern, dort drehten sich die Uhren halt anders. Ich ziehe mich aus der mir unbequemen Schlinge, indem ich sechs Dienstplätze für Fantasie-Aufgaben wie „Brandschutzbeauftragte" etc. von Anbeginn für den allgemeinen Verkauf sperre und die Verteilung der Karten dem Direktorium überlasse. Und so geschieht es bis heute.

Einladung an Karajan

Einen großen Dirigenten will ich dazu gewinnen, sich schon vor Eröffnung der Philharmonie (10. November 1985) einen Eindruck vom Saal zu verschaffen. Also mache ich mich nach Berlin auf, um Herbert von Karajan anlässlich eines Konzerts in der Scharoun'schen Philharmonie mit Anne-Sophie Mutter (sie spielte damals als Anfang Zwanzigjährige das Brahms Violinkonzert) kennen zu lernen. Dies geschieht nach dem Konzert, und es gelingt mir, ihm wenigstens mündlich das unverbindliche Versprechen abzuringen, dass er anlässlich der kommenden Salzburger Festspiele einmal „vorbeischauen" werde, denn auch er kenne natürlich das Gasteig-Projekt und er wünsche uns, dass die akustischen Fähigkeiten des Professor Keilholz, der „seine" Berliner Philharmonie so großartig habe gelingen lassen, auch unseren Saal zum Erfolg bringen werde.

Anmerkung: Keilholz hatte die grundlegenden architektonischen Vorarbeiten für die Gasteig-Philharmonie geleistet, starb aber während der Bauzeit, worauf die bekannte Akustik-Firma Müller BBM in Gauting seine Arbeiten, leicht abgeändert, fortsetzte.

Erst einige Jahre später, im Jahre 1988, Karajan war schon von seiner Krankheit gezeichnet und trug ein Hüft-Korsett, lade ich ihn zu einem Besuch ein. Ich habe von einem Studienfreund, der für MBB weltweit Hubschrauber verkauft, einen kostenlosen Flug Salzburg - München - Salzburg organisiert, als ich vom Maestro kurz vor dessen Besuch einen Brief erhalte mit dem Bedauern, dass sein gesundheitlicher Zustand es ihm nicht erlaube, uns einen Besuch abzustatten. Auch ein schon lange geplantes Konzert im Herkulessaal muss daher ausfallen. Ein Jahr danach, am 16. Juli 1989, starb der Maestro.

Ein Klavierkonzert

Gespannt-neugierig erwarte ich einen besonderen Gast. Er würde mit der S-Bahn kommen und mich um 12 Uhr in der Glashalle treffen wollen. Im Steinway-Haus habe er just fünf Flügel ausprobiert, einer seiner Wahl würde alsbald angeliefert.

Da ist er: Leicht gebeugt, schleppenden Schritts, schlank, Anfang Siebzig, kommt er mir entgegen. In der linken Hand eine alte zerknitterte Aktentasche, melancholische Dobermann-Augen in einem schmalen, bleichen, aristokratisch geschnittenen Gesicht mit Schnauzbart. Ich begleite ihn zu seinem alten Freund Sergiu Celibidache, der mit ihm und den Münchner Philharmonikern heute Abend in der längst ausverkauften Philharmonie das G-Dur Klavierkonzert von Maurice Ravel spielen wird.

Nach der Einspielprobe, zunächst ohne Orchester, frage ich ihn nach seinem Eindruck von der Saal-Akustik. Seine Antwort ist erlösend: *„Molto bene!"* Und in mein Gästebuch schreibt er nach dem Konzert: *„A presto!"* Doch dazu wird es nicht mehr kommen, denn drei Jahre später stirbt Arturo Benedetti Michelangeli.

An jenem Abend spielt er das Ravel-Klavierkonzert überirdisch, transparent, klangfarbenreich, und der langsame Satz perlt zauberhaft zart und melancholisch im Dreiviertel/Sechsachtel-Takt.

MAROTTEN

Die Team-Arbeit und gelegentliche Gespräche mit jedem unserer 120 Mitarbeiter, häufig an deren Arbeitsplatz, waren mir stets ein großes Anliegen. Meine „Werkzeuge" waren das Fragen, Zuhören, die Geduld und Toleranz.

Aber ich hatte auch Marotten: Wenn ich mindestens drei bis vier Mal wöchentlich die Philharmonie-Konzerte besuchte, schweifte mein Blick zunächst an die Decke. Wie oft habe ich die Technik anmahnen müssen, wenn wieder einmal mehrere Leuchten nicht brannten. Ich monierte dies weniger der kaum verminderten Helligkeit als der darunter leidenden Ästhetik am Lichterhimmel wegen.

Es ist zum Verzweifeln: Wieder einmal hat der Organist nach seinem Spiel vergessen, die so genannten Schwell-Jalousien zu schließen. Jeder Philharmonie-Besucher schaut auf die offenen Rippen an der rechten Rückwand des Podiums und fragt sich nach dem Sinn dieser „Lüftungsklappen". Orgel-Kenner wissen, dass es sich um einen simplen Mechanismus, das Schwellwerk, handelt, womit der Organist die Lautstärke bestimmter Frequenzen verändern kann: Bei geschlossenen Klappen sind die Töne leiser, bei offenen lauter. Die Akustiker aber haben uns ins Stammbuch geschrieben: Wenn immer die Orgel nicht bespielt wird, sollten die Schwell-Türen geschlossen sein, der einheitlichen Schall-Reflektionsfläche und – abgesehen von der Ästhetik – damit der besseren Akustik zuliebe!

Oft stelle ich kurz vor Konzertbeginn fest, dass nicht alle unsere Dienstkarten von Mitarbeitern beansprucht sind. Dann verteile ich die Restkarten an Studenten an der Abendkasse. Und schließlich besuche ich regelmäßig den Einteilungs-Appell unserer dreißig Einlassdamen eine Stunde vor Dienstbeginn. Es gibt immer wieder Anlass zu kleineren Erläuterungen, betreffend Höflichkeit und Hilfsbereitschaft gegenüber unserem Publikum, Nacheinlass zu spät Kommender (was heute nicht mehr gestattet ist), Bekanntgabe einer Eheschließung zwischen einem Mitglied der Münchner Philharmoniker und einer unserer Damen, Fragen nach Art der Halstuch-Bindung (ob als Schal, mit oder ohne Knoten) oder der Aufbewahrung und Besitzregelung von Dienst-Kostümen.

Hinter der Philharmonie habe ich einen Taxi-Standplatz einrichten lassen. Konzert-Besucher sollen nach der Veranstaltung Gelegenheit haben, schnell ein Taxi zu erhalten. Wenn aber die Gäste dort bei Kälte, Wind und Regen keinen Wagen antreffen, ist das ärgerlich. Mein Heimweg führt an diesem Stand vorbei. Wenn immer ich diese missliche Situation erkenne, bitte ich – Marotten hin oder her – den Pförtner in der Künstler-Eingangsloge, die Taxi-Zentrale entsprechend zu alarmieren.

Die neuen, roten Gasteig-Ziegel übten in den ersten Monaten nach Eröffnung unseres Hauses eine offensichtlich unwiderstehliche Anziehung auf Graffiti-Sprüher aus. Deren „Kunstwerke" zu beseitigen, war wegen der porösen Oberfläche der handgeschlagenen Ziegel äußerst schwierig. Ich bestand jedoch konsequent darauf, die Reinigung stets umgehend vorzunehmen. Schon nach kurzer Zeit legte sich der Spuk und wir waren von weiterer Unbill dieser Art bewahrt. Penner haben wir jedoch tagsüber in unseren Foyers geduldet, jedenfalls solange sie sich ruhig verhielten und keinen Unrat hinterließen.

DIE GRUNDLAGE DER MUSIK IST STILLE

Vom Pianisten Alfred Brendel stammt der berühmt gewordene Satz, von ihm in mein Gästebuch notiert: *„Die Grundlage der Musik ist Stille!"*

Er sagt dies wenige Takte nach Beginn seines Konzerts in der Philharmonie, sein Spiel unterbrechend, weil er sich durch lautes andauerndes Husten im Publikum gestört fühlt. Solistisch, also ohne Orchester, hat Brendel daraufhin nie wieder in der Philharmonie gespielt. Er mochte die Akustik und das Ambiente nicht. Denn, so Brendel, die Philharmonie sei doch viel zu groß für Kammermusik.

Mehrfach habe ich in den folgenden Jahren Anläufe gemacht, ihn davon zu überzeugen, dass die Akustik nach Einbau der Schallsegel über dem Podium erheblich besser geworden sei.

Einmal ergibt sich wieder ein Kontakt in der Warte-Lounge im Flughafen London-Heathrow. Brendel sitzt – in Noten vertieft – mir unmittelbar gegenüber. Zufällig habe ich nach einem Besuch des Konzerthauses Birmingham dessen großformatigen Jahres-Künstler-Kalender bei mir. Auf einem Blatt ist Alfred Brendel in Aquarell dargestellt, die Hände von den Tasten in die Luft werfend. Flugs nehme ich eine Tageszeitung, reiße ein Loch in die Seite, um ihn beobachten zu können. Ich halte sein Kalender-Konterfei – ihm zugewendet – vor die Zeitung. Es dauert nicht lange, als er aufschauend zunächst neugierigirritiert, dann verlegen schmunzelnd, sein Bildnis wahrnimmt.

Der Rest ist schnell erzählt. Brendel bleibt bei seiner Aversion gegen unseren Saal erneut mit dem Bemerken, für Kammermusik sei die Philharmonie schlicht zu groß.

In Klammern: Seine Konzertveranstalter würden nur dann für diese – meines Erachtens grundsätzlich völlig richtige – Argumentation Verständnis haben, wenn der Künstler im gleichen Atemzug angeboten hätte, seine horrende Gagenforderung zu ermäßigen, um damit das geringere Platzangebot eines kleineren Saales finanziell kompensieren zu können. Tröstlich nur: Sein Abschiedskonzert hat er – mit Orchester – in der Philharmonie doch gegeben!

Akustik hin oder her: Wer zahlt, schafft an!

Zu den notorischen Kritikern der angeblich schlechten Akustik der Gasteig-Philharmonie gehörte der von mir hochgeschätzte Publizist und SZ-Feuilleton-Chefredakteur Joachim Kaiser. Seit Eröffnung des Saales ließ er keine Gelegenheit aus, sich in irgendeinem Halbsatz seiner Konzert-Rezensionen über die angeblich miserable Akustik der Philharmonie auszulassen.

Ich habe ihn oft gefragt, was er denn damit bezwecke: Besucher-Streik, Abriss der Philharmonie, Absagen geplanter Künstler- oder Orchester-Auftritte? Er gab mir darauf nie eine klare Antwort, rechtfertigte aber seine Kritik stets mit dem Argument, die Musik würde in seinen Ohren – jedenfalls auf seinem Stammsitz – *„halt nicht immer richtig klingen"*, und das müsse er doch, halten zu Gnaden, schreiben dürfen.

Während meiner Amtszeit hat es neben Brendel nur zwei weitere Künstler gegeben, die die Philharmonie zunächst mieden. Der eine war der Dirigent Giuseppe Sinopoli, der nach seinem ersten Auftritt mit Hinweis auf die seines Erachtens unzureichenden akustischen Verhältnisse auf dem Podium ein weiteres Engagement ablehnte. Der Presse hingegen sagte er nach dem Konzert: *„Die beste Akustik, die ich seit Langem erlebt habe!"* (AZ vom 30.05.1986).

Sinopoli kam erst wieder, als in die Philharmonie die Schall-Segel über dem Podium nachgerüstet worden waren: Er war mit dem Ergebnis zufrieden.

Der zweite war der Geiger Pinchas Zuckerman, der seinen Eintrag in mein Gästebuch mit dem Hinweis verweigerte, er sei mit dem Saal akustisch nicht zurechtgekommen. Später ist er jedoch immer wieder bei uns aufgetreten, ohne zu protestieren. Und in meinem Gästebuch hat er sich danach wiederholt verewigt.

Viele berühmte Künstler, darunter Jewgenij Kissin (unvergessen bleibt mir, wie er als Teen jahrelang nach einer brillant gespielten Sonate stets fragend-scheu den Blick ins Publikum warf, um aus den Blicken seiner Klavierlehrerin Anna Kantor und seiner Mutter zu lesen, ob er alles richtig gemacht habe), Friedrich Gulda, Edita Gruberova, Hillary Hahn oder auch – mit Einschränkungen – Anne-Sophie Mutter haben der Philharmonie-Akustik ein gutes Zeugnis ausgestellt.

Hierzu bleibt eines festzuhalten: So lange der Veranstalter gute Gagen zahlt, wird in der Regel kein Orchester, kein Künstler einen Bogen um München und die Philharmonie machen! Das gilt nicht nur für die zuletzt genannten Damen.

Wie sagen die Bayern: „Wer zahlt, schafft an!“ Mir ist nur e i n Künstler bekannt, der als Solist seit jeher nur im Herkulessaal auftritt: Mauricio Pollini. Nur einmal spielte er in der Philharmonie mit dem BRSO unter der Leitung von Mariss Jansons (siehe auch Seite 150, Kapitel „Halb virtuelle Probe").

Ein gern gehörter Gast: Der Pianist Jewgenij Kissin.
Links und Mitte: der Autor und seine Frau

Kampf dem Konzert-Husten

Das Brendel-Erlebnis mit dem Husten im Publikum ließ mich nicht ruhen. Ich nehme daher mit dem Husten-Bonbon-Produzenten Dr. C. Soldan, Em-Eukal in Nürnberg Kontakt auf und überzeuge die Firmenleitung, dass es keine bessere Werbung für deren Produkt gäbe, als das kostenlose Anbieten von Hustenbonbons vor Konzertbeginn.

Elegante Chromständer mit aufmontierten Rundschüsseln werden angeschafft und vor jede der 14 Einlasstüren der Philharmonie gestellt. Knitterarmes grünes Papier, Inhalt „klassisch zuckerfrei", so lockt das Angebot unsere Besucher zum Zugreifen. Und der Husten wird hörbar weniger, bilde ich mir jedenfalls ein. Presse und Publikum sind begeistert.

Zu meinem Leidwesen bedient sich unser Publikum so ausgiebig des angebotenen Naschwerks, dass Dr. Carl Soldan Em-Eukal infolge unserer säckeweisen Nachbestellungen die Puste ausgeht. Vier Wochen später kapituliere ich und stelle die Aktion ein.

Akustik-Proben

Cecilia Bartoli katapultierte sich mit ihrer ersten CD Anfang der Neunziger Jahre in die Charts.

Ich hatte von meinem amerikanischen Kollegen Ken Fischer in Ann Arbour/Michigan wunderbare Geschichten von ihr gehört. Wie sie beispielsweise von ihm überzeugt wurde, dass die Akustik seiner „Concert-Bowl“, einem Rund-Saal aus den zwanziger Jahren, trotz dessen enormer Größe hervorragend sei. Er bat sie in die letzte Reihe des oberen Rangs. Ken stellte sich unten auf das Mittelpodium, gute fünfzig Meter von ihr entfernt. *„Pscht“* zischte es leise, als er eine Coca-Cola-Flasche öffnete. Sie hörte das Geräusch deutlich. Ken Fischer hatte gewonnen.

Auch mir stand bevor, Cecilia dazu zu bringen, in der Gasteig-Philharmonie zu singen. Über die Gage waren wir bereits handelseinig geworden.

Sie kam vormittags mit ihrer Mutter, einer Gesangslehrerin. Mama sollte oben in Block Q beurteilen, ob Töchterchens Stimme, bei aller Brillanz bekanntermaßen nicht allzu voluminös, überzeugend klingen würde. Verständlicherweise hatte ich vorher allen mir zur Verfügung stehenden Charme aufgewendet, Mutter Bartoli genauso in Gespräche einzubinden wie Tochter Cecilia.

Fazit: Sie trat in der Reihe „Vocalissimo“ mehrfach in der Philharmonie auf. Viele Jahre später beantwortet sie die Frage, ob sie gerne in der Gasteig-Philharmonie sänge, diplomatisch: *„Sie* (die Philharmonie) *ist*

sicher einer der Säle, deren Bedeutung und Atmo-
sphäre durch die positive Energie des Publikums ein-
malig wird…" („da!" Kulturmagazin des Gasteig
München vom 03.02.2011, S.8).

Wir wissen aber, dass sie in den vergangenen Jahren
den um mehr als die Hälfte kleineren Saal des Prinz-
regententheaters bevorzugt, zum Leidwesen meines
damaligen Co-Veranstalters Schessl, im Hinblick auf
die hohen Gagen und die damit halbierten Karten-
erlöse. Denn das Prinzregententheater verfügt mit
1.080 Sitzplätzen weniger als die Hälfte der Gasteig
Philharmonie.

„BURN IT!"
BERNSTEINS TIEF VERLETZTE EITELKEIT

Auf den Besuch des großen Meisters Leonard Bernstein habe ich mich besonders gefreut, nicht zuletzt wegen unserer ersten kurzen Begegnung in New York anlässlich der Vorstellung seiner Autobiografie bei Barnes & Nobles. Als ich ihm den Gasteig beschreiben will, wirft er ein, natürlich könne er sich an diesen Ort erinnern, denn er habe doch als junger GI schon gleich nach dem Kriege im halb zerstörten benachbarten Bürgerbräukeller (heute stehen dort die GEMA-Zentrale und das Hotel City-Hilton) mit dem BR-Orchester erste Schallplatten-Aufnahmen gemacht.

Leonard Bernstein im Gespräch mit dem Autor und dessen Frau

Maestro Leonard Bernstein also dirigiert das BR-Symphonie-Orchester in unserer Gasteig-Philharmonie. Das Publikum – vornehmlich Münchner Konzert-Schickeria und Bernstein-Fans – applaudiert nach dem ersten Stück nur müde. Maestro erhält nur einen „Vorhang" für seine späte Eigenkomposition „Jubilee Games", nicht gerade ins Ohr gehend wie beispielsweise Candide oder West Side Story. Nach meiner Erinnerung klang sein Werk nicht überzeugend, zwar wie immer bei ihm rhythmisch-synkopisch, aber uneinheitlich hinsichtlich Melodienfolgen, Themata, komponiert in später Schönberg-Manier, also teilweise disharmonisch.

Ich ahne ob des mageren Applauses Schreckliches und eile in der Pause hinter die Bühne. Bernstein tobt laut: *„What a terrible audience! I never had such an audience in my life before. Disgusting!"* Auch der etwas stärkere Beifall nach Dvorak's „Aus der neuen Welt" nach der Pause versöhnt ihn nicht.

Bernsteins persönlicher Sekretär, Harry Kraut, reicht dem erbosten Maestro, jetzt umhüllt in einem morgenrock-ähnlichen, aus rotgoldener Seide gefertigten Umhang, ein Glas Whisky pur. Ein kräftiger Schluck und Bernstein verschwindet im Dirigenten-Zimmer.

Wie so oft, bin ich neugierig auf alle Dirigenten-Kommentare, zum Saal, Publikum, Ambiente etc. Bewaffnet mit meinem in Schwarzleder gebundenen Gästebuch und einem Montblanc-Füller betrete ich nach den üblichen Anstands-Minuten das Zimmer.

„Maestro, you were great! Would you please write something in our guestbook?"

In Bernsteins Blick liegt etwas Diabolisch-Verschmitztes und er fragt mich: *„What shall I write in your book?"*

„Whatever you like, Sir!" antworte ich, fast schon bereuend, dass ich ihn in dieser Stimmung überhaupt um einen Eintrag gebeten habe. Mit schwungvoller Hand überquert er mit meinem Füller die weiße Seite:

„Burn it! Love, Leonard Bernstein 18.IX.86"

Die Sache wäre vermutlich ohne Folgen geblieben, wenn ich nicht – blauäugig wie ich damals noch war – eine mir persönlich bekannte Journalistin der Boulevard-Presse auf deren Bitte in das Dirigentenzimmer mitgenommen und ich nicht auf ihre neugierige Frage nach dem Inhalt des Eintrags ihr diesen gezeigt hätte.

Ihrer Berufspflicht gerecht werdend, lief dieses Verdikt innerhalb von zwei Tagen um die Welt. Die bekannte Folge dieser Fehlinterpretation: Jahrelanges Gerangel um Verbesserungen der Saalakustik, welches dann mit den eingebauten Acrylsegeln und einer Holzboden-Konstruktion der Podien für lange Zeit ein erträgliches Ende fand... bis zu dem Tage, als vor einigen Jahren (2006) die Diskussion um einen neuen Konzertsaal in München am oder im Marstall bzw. anderen Orts erneut aufflammte.

Münchens Konzerthaus-Arie.
Eine (un)endliche Geschichte?

Spätestens seit dem Jahr 2006, als die Frage gestellt wurde, ob München einen neuen Konzertsaal brauche, habe ich deren Hintergründe, das Für und Wider dieser Idee und die in der Diskussion vorgetragenen Lösungsvorschläge aufgezeichnet. Ich vermute, dass noch viele Jahre ins Land gehen werden, bis hierzu eine Entscheidung getroffen und im positiven Fall der neue Konzertsaal seine Tore öffnen wird. Und bis dahin habe ich vor, dieses Kapitel von Zeit zu Zeit auf den neuesten Stand zu bringen.

2006: Der Bayerische Staat, in dieser Frage vertreten durch das Ministerium für Wissenschaft, Forschung und Kunst, scheint, vor allem auf Initiative des Bayerischen Rundfunks und dessen geschickter Öffentlichkeitsarbeit, mit Unterstützung des damaligen Finanzministers Prof. Kurt Faltlhauser und eines Initiativ-Förderkreises den Plan aufgenommen zu haben, einen weiteren Konzertsaal in München zu errichten und hierfür nach einem geeigneten Standort zu suchen. Die Wahl fiel auf eine Fläche unmittelbar östlich hinter dem denkmalgeschützten Marstall gegenüber dem Bayerischen Staatstheater.

Dieser Standort scheiterte nach langem hin und her u.a. an der limitierten Bebauungsfläche und Denkmalschutz-Bedenken betreffend die Einbeziehung des alten Marstall-Gebäudes, aber auch an einem Negativ-Votum des weltberühmten japanischen Akustikers Dr. Jasushida Toyota. Daraufhin wurden im Laufe der folgenden Jahre weitere Standorte in Erwägung gezogen, worauf wir später zurückkommen werden.

Die Stadt München als Betreiberin des Gasteig beobachtet seither dieses und folgende Vorhaben mit einer Mischung aus Skepsis und Furcht vor einer möglichen Gasteig-Konkurrenz, aber auch mit neutralem Wohlwollen.

Oberbürgermeister Christian Ude gibt im Frühjahr 2011 zu Protokoll, dass sich die Stadt München einer aktiven Mitwirkung bei notwendigen Planungsverfahren nicht verschließen würde, denn ein architektonisch gelungener, attraktiver Neubau wäre ja eine Bereicherung für die Stadt, die zudem hierfür nicht zur Kasse gebeten würde, woran ohnehin nicht zu denken sei. Denn, so Ude, die Stadt habe ja noch 60 bis 70 Millionen Euro für den Gasteig abzuzahlen.

Diese viel zitierten, seitens der Stadt noch bis 2030 zu entrichtenden Gasteig-Leasing-Tilgungsraten von jährlich rd. 3,5 Mio. Euro sind jedoch nach meiner Einschätzung keine signifikante Bürde, sondern verkraftbare, seit Anfang der Achtziger Jahre bis zur Endtilgung festgeschriebene Verpflichtungen. Als Mietobjekt wäre der Gasteig weitaus teurer. Schließlich dürfte auch die „Werthaltigkeit" dieser Fix-Summe im Laufe von 45 Jahren infolge schleichender Geldentwertung abgenommen haben bzw. weiterhin abnehmen. Die Stadt bleibt daher aufgerufen, finanzielle Mittel jedenfalls für eine qualitative Verbesserung der Philharmonie einzuplanen.

Ich stellte zunächst fest, dass es keine gründliche, objektive Markt- bzw. Bedarfsanalyse gab, woraus antizipatorisch erkennbar wäre, wie und in welchem Umfang ein neuer Saal genutzt werden könnte und in welchem Umfang die bestehenden Konzertsäle unter dieser neuen „Konkurrenz" leiden würden.

Aus diesem Grunde hatte ich Mitarbeitern des Wissenschaftsministeriums wiederholt nahegelegt, eine Bedarfsanalyse anfertigen zu lassen.

Nach langem Zögern wurde diese im Frühjahr 2013 in Auftrag gegeben. Das Ergebnis lag schließlich Mitte 2014 vor; es ist bis heute (Sommer 2015) nicht der Öffentlichkeit bekannt gegeben worden.

Ich erfuhr zunächst lediglich aus dem Wissenschaftsministerium, dass möglicherweise insbesondere der Herkulessaal unter der Konkurrenz eines neuen Konzertsaales leiden könnte. Dann sickerte aber doch durch, dass bei Erfüllung aller Terminwünsche der Philharmonie-Veranstalter eine Überbelegung von 2025 Prozent die Folge wäre.

Abgesehen davon, dass niemand voraussehen kann, wie sich der Konzertmarkt in den kommenden zehn, zwanzig Jahren entwickeln wird, vermute ich, dass die Prognosen der Analyse keinen Einfluss auf die Entscheidung für oder gegen neuen Konzertsaal haben werden, solange der dezidierte Wille der Staatsregierung und des Bayerischen Rundfunks für den Bau eines neuen Konzertsaals ungebrochen bleibt.

Es bestehen bis heute weder Konzepte, wer der Eigentümer des Saals sein würde, noch ist mir bekannt, wer die Verwaltung, den Betrieb übernähme, die Betriebs- und Unterhaltsfinanzierung aufzubringen hätte und wer als Mieter/Nutzer neben den zwei Orchestern des BR zu welchen Konditionen, also auch mögliche Nutzungs-Einschränkungen, infrage käme.

Eine Machbarkeitsstudie für einen Konzertsaal am favorisierten Standort „Deutsches Museum/ehemaliger Kongress-Saal auf der Isar-Insel" wurde vom Bayerischen Wissenschaftsministerium in Auftrag gegeben und sollte ursprünglich bis Mitte 2012 vorliegen.

Im Januar 2013 wurde das Ergebnis, wie von den Auftraggebern erwartet, mit dem Resultat bekannt gegeben, dass eine Doppelnutzung durch das Deutsche Museum und den Bayerischen Rundfunk unter gewissen Einschränkungen möglich sei. Wir werden uns im Folgenden mit diesem Standort auseinandersetzen.

Die Initiative für einen neuen Konzertsaal hat vornehmlich drei Gründe:

1. Belegungstermine

Der BR klagt über unzureichende Berücksichtigung bei der Vergabe von Konzert- und Probenterminen im Gasteig. Die Priorität hierbei genießen immer noch die Münchner Philharmoniker. Dieses Problem kannte ich seit Amtsbeginn meiner Gasteig-Tätigkeit. Ich habe zwar in den neunziger Jahren eine Frist für Terminanmeldungen seitens der Münchner Philharmoniker durchsetzen können, was das Prioritätsgefälle etwas mildern, aber das Grundproblem nicht wirklich lösen konnte. Empirische Untersuchungen seitens externer Gutachter haben, wie schon zitiert, nachgewiesen, dass ein Termin-Fehlbedarf von bis zu 25 Prozent entstünde, würden die konkurrierenden Orchester alle ihre Terminwünsche pro Jahr erfüllt sehen wollen. Das wären alleine bei den Münchner Philharmonikern 86, bei dem Symphonie-Orchester des Bayerischen Rundfunks derzeit 54 Konzerttermine, zuzüglich möglicher Probentermine und eventuell neuer Reihen. Hinzu kommen rd. 120 Terminwünsche der privaten Veranstalter. Hierbei sei nicht vergessen, dass eine normale Konzertsaison in München nur zwischen Ende September bis Ende Juni läuft.

Zu meiner Gasteig-Zeit habe ich mich zudem stets um sog. gesellschaftliche Veranstaltungen wie Kongresse, Tagungen, Hauptversammlungen bemüht, für die ich höhere Mieten als für Kulturveranstaltungen verlangte und wesentlich zur Verringerung des städtischen Betriebsmittelzuschusses beitrugen. Allein diese Vermietungen ergaben pro Jahr etwa 30 Termine.

Da der Gasteig auch durch noch so ehrgeizige Bauerweiterungen keine zweite Philharmonie erhalten dürfte (siehe aber weiter unten Seite 99 f. die Entwicklungen nach den Stadtrats- und Landtagswahlen Herbst 2013/Frühjahr 2014) und auch ein zum Probenraum umgebauter Carl-Orff-Saal wenig attraktiv wäre, bliebe daher nur, wie seit Jahrzehnten geschehen, der Appell an die Kompromissbereitschaft und der Verzicht auf bestimmte Veranstaltungen an diesem Ort.

Anmerkung: Es hat mich schon gewundert, dass die Stadt und der BR externe Gutachten zu diesem Thema haben anfertigen lassen, die den Steuer- bzw. Rundfunkgebührenzahler einiges Geld gekostet haben. Rückfragen bei dem früheren und der gegenwärtigen Geschäftsführer/in und bei den Orchester-Intendanten hätten ausgereicht, dieses Ergebnis präzise darzulegen, weil der Kampf um Termine von Anbeginn zu deren täglich Brot gehörte.

Anmerkung Frühjahr 2015: Schon wieder ist ein weiteres Gutachten angefordert worden, um die Belegungsproblematik in der Gasteig-Philharmonie zu prüfen.

2. Raumverhältnisse im Backstage-Bereich

Die beiden Orchester des BR haben seit Eröffnung der Gasteig Philharmonie unter mangelhafter Unterbringung gelitten: Deren Umkleideräume im Keller gleichen eher denen einer öden Kaserne, Instrumentenlager sind ungenügend vorhanden. Da halfen auch kaum meine Bemühungen um freundlicheren Wandanstrich und Anschaffung von Kleiderspinden.

Zur Klarstellung: Die Orchester des BR hatten von Anbeginn den Anspruch, so weit wie möglich mehrere Tage hintereinander vor den Konzertterminen zu proben, verbunden mit der Tatsache, dass die Mikrofonierung über dem Podium für Aufnahmen und Übertragung installiert werden musste. Im Gegensatz zu Gastorchestern aus aller Welt ist es daher verständlich, dass die Musiker nicht nach jedem Auftritt ihre Instrumente bzw. Fräcke nach Hause schaffen wollen. Die Münchner Philharmoniker hingegen haben seit jeher ihre eigenen Stimmzimmer, Lagerräume und Inspizienten-Büros.

Allein im Hinblick auf diese beiden Aspekte kann man den Wunsch des BR nach einem eigenen Saal nachvollziehen. Denn auch äußere Bedingungen spielen eine nicht unerhebliche Rolle, um dem Anspruch auf Erbringung höchster, international anerkannter Qualität musikalischer Leistungen gerecht zu werden.

3. Akustik des Saals

Aus meiner Sicht liegt der Grund der möglichen Akustik-Schwächen in der Gasteig-Philharmonie – auch nach Aussagen namhafter Akustiker – in erster Linie an der architektonischen „Trichter"-Öffnung des Podiums, verbunden mit der extrem hohen Deckenkonstruktion. Denn bekanntlich werden Klangwellen dann nicht vollständig auf die Klangquelle (d.h. auf die Musiker) zurückgeworfen, wenn die Reflektionsfläche nicht rechtwinklig, d.h. zu 90 Grad zu dieser verläuft. Daher sind die Podien der traditionellen Konzertsäle auch in Schuhkastenform gebaut, bzw. bei „moderneren" Architekturformen durch Reflektoren so gestaltet, dass sich die Musiker gegenseitig optimal hören können. Und daran mangelt es in der Gasteig-Philharmonie.

Die Frage, ob es im Saal selbst, also in den Zuhörer-Rängen akustische Schwachstellen gibt, ist und bleibt höchst umstritten. Meines Erachtens werden diese, wenn es sie denn an einigen Plätzen geben sollte, nur von wenigen geschulten Ohren wahrgenommen. Ein Hinweis dazu: Die Veranstalter könnten die Kartenpreise für nachgewiesenermaßen schlechte Akustik-Plätze entsprechend ermäßigen (vergleichbar mit Partitur- oder Stehplätzen in der Oper), was aber aus kommerziellen Gründen vermutlich nie geschehen wird.

Anmerkung: Eine hervorragende Darstellung der akustischen Bedingungen für einen neuen Konzertsaal bringt Prof. Dr. Ing. Dr. phil. Frank Müller-Römer, früherer Technischer Direktor des Bayerischen Rundfunks: „Der perfekte Konzertsaal".

(www.freunde-brso.de/neuer_konzertsaal)

Das „Sägezahnmodell". Eine Privat-Initiative, die scheiterte

Kurz nach Beginn der Debatte um einen neuen Konzertsaal (eine Initiative, die nicht nur wegen der Akustik der Philharmonie, sondern auch, wie schon erwähnt, wegen der schon seit Eröffnung des Gasteig bestehenden Unvereinbarkeit räumlicher und terminlicher Ansprüche der beiden Klangkörper Münchner Philharmoniker und Symphonieorchester des Bayerischen Rundfunks ergriffen wurde), erinnere ich mich an einen Akustiker bei der Firma Müller-BBM.

Er hatte bereits zu Zeiten der Errichtung der Philharmonie Anfang der Achtziger Jahre angeregt, Akustik-Experimente mittels Holzwand-Attrappen durchzuführen, die das Podium annähernd rechteckig, schuhkastenförmig verengen sollten (wir nennen es fortan Sägezahn-Modell, wonach der bisherige Öffnungswinkel der Seitenwände des Podiums von ca. 30 Grad, bezogen auf die Mittelachse, auf ca. 10 Grad reduziert würde). Diese Versuche wurden jedoch u.a. aus gestalterischen Gründen mit Blick auf die Architektur verworfen.

Ich kontaktiere also nach zwanzig Jahren Herrn Dipl. Ing. Jürgen Reinhold, der noch immer bei Müller-BBM arbeitet und rege an, er möge doch eine Studie pro bono zur Verengung des Podiums anfertigen. So geschieht es. Ein Schreiner gibt ein Angebot für die

Herstellung von Holzwand-Attrappen über rd. 10.000 Euro ab.

Christian Thielemann, in jener Zeit noch GMD der Münchner Philharmoniker, zeigt sich in einem Gespräch sehr angetan von der Idee, in zwei oder drei Live-Proben mit seinem Orchester die akustischen Messungen innerhalb des verengten Podiums vornehmen zu lassen. *„Die lächerlichen zehntausend Euro für provisorische Schallwände werden wir aus eigenem Budget abzweigen können, indem wir einige Solisten billiger einkaufen werden"*, meint er.

Meiner Nachfolgerin im Amt, Frau Brigitte von Welser, lasse ich unseren Vorschlag noch am gleichen Tag zukommen. Möglicherweise ist sie davon nicht angetan. Denn sie hat inzwischen, angeregt von der Initiative für den Bau eines neuen Konzertsaales in München, eine eigene umfassendere Studie für den Totalumbau der Philharmonie und anderer Gasteig-Bauteile entwickeln lassen (Kostenschätzung je nach Umfang zwischen 70 und 300 Mio. Euro) und will sich vermutlich nicht durch möglicherweise positive Ergebnisse „unseres" Experiments präjudizieren lassen. Obwohl der dann notwendige Umbau zur Realisierung unseres Vorschlags nur relativ wenig kosten würde, meint meine Kollegin, dass das Ergebnis dann vielleicht auch nichts brächte.

Dazu bleibt anzumerken, dass zunächst ein Probe-Versuch diese Frage beantworten müsste und bei negativem Ausgang die vorgeschlagene Umrüstung selbstverständlich unterbliebe. Wäre das Ergebnis hingegen positiv, beliefen sich die Kosten hierfür nebst einer Erhöhung des Podiums vermutlich auf nur wenige Millionen, eine dann zwingend gebotene Investition, worüber die Stadt zu gegebener Zeit entscheiden müsste.

Sägezahn-Modell des Akustikers Dipl.-Ing. Jürgen Reinhold, Müller-BBM

Anmerkung: Führende Akustiker dieser Welt haben mir versichert: Ob eine Akustik eines neuen oder umgebauten Saals gut werde oder nicht, hänge zu achtzig Prozent von der Architektur und der physikalischen Vorarbeit und dem Können der Akustiker ab, jedoch zu zwanzig Prozent vom lieben Gott!

Die Anrufung des lieben Gotts wiederholte sich im August 2014 im Hinblick auf die neue Philharmonie in La Vilette, Paris; Eröffnung Januar 2015: Zitat Paavo Järvi, Musikdirektor des Orchestre de Paris, hierzu: *"We have to hope the gods of acoustics are with us. If not, there would be a second French Revolution!"* (International New York Times, vom 29.08.2014).

Nachtrag Anfang 2015: Ersten Presseberichten zufolge sei die Akustik (noch) nicht optimal, aber nachbesserungsfähig. Mir bekannte Besucher haben sich inzwischen recht zurückhaltend – abgesehen von der unattraktiven, weit vom Stadtzentrum gewählten Lage – über die Akustik geäußert.

Und noch etwas zu unserem „Sägezahn-Modell": Es sollte für den Fall der Umsetzung unseres Vorschlags unbedingt untersucht werden, ob die Seitenverengung des Podiums technisch variabel gestaltet werden könnte, um die Bühnenbreite je nach Nutzungsart zu verändern. Damit könnte die derzeitige breitere Nutzfläche für Show-Veranstaltungen, aber auch für beispielsweise die „Symphonie der Tausend", erhalten bleiben. Schließlich könnte auch eine geringe Erhöhung der Podiumsfläche erwogen werden.

Nach dem Abschiedskonzert Christian Thielemanns im Frühsommer 2011 spreche ich ihn noch einmal auf dieses Thema an. Er bedauert, dass die „Bürokratie" unseren Plan verhindert habe.

Tempi passati: Seine Gedanken sind schon nicht mehr in der Gasteig-Gegenwart, denn er lädt meine Frau und mich freundschaftlich ein, alsbald zu ihm nach Dresden zu kommen.

Auch meine darauf folgende Initiative zum selben Thema über den Weg von Anfragen seitens der FDP an den Stadtrat wird mit nebelhaften Argumenten vom Tisch gewischt. Und schließlich „kippt" auch der Gasteig-Aufsichtsrat dieses Angebot im Hinblick auf die Tatsache, dass man doch lieber erst abwarten wolle, ob und wann ein neuer Saal gebaut werde. Erst danach könne und müsse man sich nolens volens auf eine neue Situation einstellen. Bis auf weiteres bleibt diese Sache also eine ungelöste unendliche Geschichte, die die Süddeutsche Zeitung im Herbst 2011 mit Blick auf die Aufsichtsratsentscheidung mit der Überschrift „Schaler Ausgang" betitelt.

Frau von Welser lässt nicht locker: In der SZ vom 27.12.2011 mahnt sie zu Recht die Verantwortlichen an, den Gasteig alsbald auf Vordermann bringen zu lassen, damit er – abgesehen von den laufend notwendigen Ersatz-Investitionen – nicht nur für eine zukünftige Saal-Konkurrenz gerüstet ist, sondern auch hiervon unabhängig eine Qualitäts-Verbesserung per se erfährt. Dieses Bestreben wurde in einer gemeinsamen Sitzung der städtischen Kultur- und Wirtschaftsausschüsse im Februar 2012 erneut deutlich, ohne dass eine Entscheidung hierzu getroffen wurde.

Mein Plädoyer für eine nur auf das Podium bezogene Verbesserung der akustischen Verhältnisse der Gasteig-Philharmonie stützt sich auf zwei Gesichtspunkte: Auf die Tatsache, dass vornehmlich die Musiker, nicht etwa das Publikum, die akustischen

Defizite beklagen, sowie meine Befürchtung, dass die Stadt München jedenfalls bis auf weiteres keine erheblichen Mittel für eine signifikante Veränderung des Philharmonie-Saales zur Verfügung stellen wird. Sollte irgendwann ein neuer Konzertsaal in München entstehen, der unterstellter Maßen alle bereits vorhandenen Säle, insbesondere also die Gasteig Philharmonie sowohl architektonisch als auch akustisch „ausstechen" würde, wäre diese Konkurrenz in der Tat fatal für das Selbstverständnis der Münchner Philharmoniker in ihrem Hause.

Eine völlig andere Perspektive ergibt sich aus der Überlegung, welche Anforderungen ein Konzertsaal in einigen Jahrzehnten und darüber hinaus erfüllen muss. Hier sind visionäre Fähigkeiten erforderlich: Welches Musikerlebnis wird das Publikum in welchen Formaten, in welchem Umfeld in Zukunft erreichen können? Dazu gehören Aufgaben wie Musikerziehung, Kunden-Verhalten und -Bindung, Änderung des Musikverständnisses, die elektronische Musik, die Interaktion von Musikern und Publikum und anderes mehr. Wir beobachten leider, dass das Klassik-Publikum, insbesondere das der Kammermusik, zunehmend ergraut und zahlenmäßig abnimmt. Aus allem könnte resultieren, dass die Gasteig Philharmonie in ihrer jetzigen Gestalt architektonisch völlig verändert, das Orchester-Podium also beispielsweise weiter in die Mitte des Saales verlegt werden, die „Herz-Klappen" verschwinden, dafür Seiten-Balkone nachgerüstet werden müssten.

Diese weitreichenden Pläne sind vor geraumer Zeit – zuletzt erneut im Frühjahr 2015 mittels einer Studie des Architekten Manuel Herz (siehe Kapitel *„2015: Hilfloses Durcheinander. Die sog. ‚Zwillingslösung‘")* von Frau von Welser der Öffentlichkeit vorgestellt worden. Auch den Intendanten der Münchner Philharmoniker, Paul Müller, betrachte ich als dezidierten Vordenker zu diesem Fragenkomplex. Er sollte ebenfalls zukünftig in der Öffentlichkeit gehört werden.

Sollte die Gasteig Philharmonie „nur" im Podiumsbereich verändert werden, müsste mit maximal einem halben Jahr Bau-Unterbrechung gerechnet werden. Für den Fall, dass der gesamte Baukörper verändert werden müsste, befürchte ich eine Schließung von mindestens drei, im Falle des Abrisses bzw. einer „Entkernung" oder einer Totalsanierung von drei bis fünf Jahren.

Daraus folgten – außer den schon genannten Baukosten – nicht nur Mietausfälle in Millionenhöhe, sondern auch Probleme mit der Suche nach alternativen Probe- und Spielstätten, und es würden entsprechend zusätzliche Mietkosten entstehen. Die privaten Konzertveranstalter hätten in dieser Situation vermutlich das Nachsehen.

Auch das Thema „Sitzplatz-Kapazität" sollte kurz angesprochen werden. Würde sie von derzeit 2.378 Plätzen signifikant reduziert werden, wirkt sich dies selbstverständlich auch, jedenfalls im Fall erwarteter

Vollauslastung, auf die Konzerterlöse bzw. kompensatorisch auf weitere Terminbuchungen aus.

Möge uns also der Gott der Akustiker nach Fertigstellung einer komplett umgebauten „neuen" Philharmonie gnädig sein! Denn im Gegensatz zu real vor Ort möglichen Akustik-Versuchen im Fall der „nur" Podium-Veränderung sind Versuche vor einer umfassenden Saalverkleinerung nur physikalisch-rechnerisch bzw. anhand von Modellen möglich.

Vorweg genommenes Fazit: Ob alle drei genannten Gründe rechtfertigen, einen neuen Saal für eine noch offene dreistellige Millionen-Summe zu bauen, kann je nach Interessenlage beantwortet werden. Hinzu kommt die unvermeidbare, von der Politik vorzunehmende Güterabwägung, welche Steuermittel für welche Investitionen eingesetzt werden sollen und ob nicht andere bayerische Städte und Regionen alles tun werden, via Parlament diese Pläne zu torpedieren.

Dagegen gibt es – ich wiederhole – nur ein Mittel: Den dezidierten Willen der Bayerischen Staatsregierung, einen neuen Saal im München entstehen zu lassen, verbunden mit der verbindlichen Zusage, nicht nur hierfür, sondern auch für das übrige Bayern ausreichende Finanzmittel für Kulturprojekte zur Verfügung zu stellen.

Der derzeitige bayerische Finanzminister Dr. Markus Söder hat diese Zeichen verstanden: Er mahnt schon seit geraumer Zeit die Stadt Nürnberg, den geplanten Neubau eines Konzertsaals voranzutreiben, denn alternative Machbarkeitsstudien liegen bereits vor. Alle diese Entscheidungen müssten selbstverständlich auch vom Bayerischen Landtag mehrheitlich getragen werden, sofern der Staat hierfür Mittel bereitstellen muss. Sollte der Bayerische Staat den Entschluss für einen Konzertsaal-Neubau in München fassen, wage ich jedoch schon heute zu bezweifeln, dass die genehmigte Bausumme bis zur endgültigen Fertigstellung ausreicht und dass die Finanzierung der Betriebs- und Folgekosten (Bauunterhalt etc.) schon vorab voll gesichert wird. Ich verweise beispielsweise auf die leidvollen Erfahrungen vor der Gasteig-Eröffnung und die unglaublichen Kostensteigerungen der Elbphilharmonie. Die Gesamtinvestition für das neue Hamburger Wahrzeichen, einschließlich der seit über zehn Jahren angefallenen Personal- und Marketingkosten, dürften bis zur voraussichtlichen Eröffnung im Jahr 2017 annähernd eine Milliarde Euro betragen, eine weltweit bisher unerreichte Summe für ein Konzerthaus nebst Hotel und Eigentumswohnungen.

MAN SOLL DAS FELL DES BÄREN NICHT VERTEILEN, BEVOR ER ERLEGT IST

Standort Deutsches Museum/ Alter Kongress-Saal

Ein Rückblick auf eine Episode, aus der man lernen kann, aufgezeichnet aus dem Beobachtungsstand 2012/2013

Es kann in diesem Zusammenhang nur angedeutet werden, dass bis zur Entscheidung über einen neuen Konzertsaal noch viele Probleme gelöst werden müssen, wozu beispielsweise die Eigentümer-Frage, die Saalnutzungs-Prioritäten, das Betriebskonzept etc. gehören. Alle diese Fragen werden auch beantwortet werden müssen, falls der alte Kongress-Saal vor dem Deutschen Museum auf der Isar-Insel entweder zu einem neuen Konzertsaal umgebaut oder nach Abriss des bestehenden Baus ein neuer Saal erstellt werden sollte. Hier wird noch einiges vorab zu klären sein.

Zunächst ist zu prüfen, ob denn überhaupt die rechtlichen, vertraglichen Voraussetzungen zur (Teil-) Umwidmung dieses Baukörpers geprüft worden sind. Sind die vom Bund, Land und Privatspendern zugesagten Gelder (400 Mio. Euro) auch für einen Konzertsaal einsetzbar? Als Ex-Jurist erinnere ich mich hier beispielsweise an den § 313 BGB „Fortfall/ Störung der Geschäftsgrundlage". Wie vertragen sich die offensichtlich beschlossenen Sanierungs- und Erweiterungspläne des Deutschen Museums mit einem Konzertsaal nebst allen dafür notwendigen

Nebenräumen? Wie hoch wären die Kosten eines Konzertsaals einschließlich derer der Sicherung des schwierigen Terrains während der Bauzeit (Isar-Flussbett, Ludwigsbrücke etc.)? Könnte es eine Image-Konkurrenz zwischen dem Deutschen Museum und einem dann dort vorgelagerten neuen Konzertsaal geben? Entstünde dadurch ein Mehrwert für das Deutsche Museum? Falls alle diese Fragen positiv geklärt wären, müssten u.a. die Nutzungsprioritäten (u.a. Deutsches Museum, Bayerischer Rundfunk: Käme Letzterer vom Regen in die Traufe?), geregelt und die Zufahrtsmöglichkeiten für Transporter, ausreichende Garagen-Parkplätze, Lagerräume, Stimmzimmer etc., sowie das Problem der mangelhaften Anbindung an öffentliche Verkehrsmitteln und die damit verbundenen langen Wege unter freiem Himmel geprüft werden. Auch fürchte ich, dass der geplante Eingangsbereich nebst Garderoben und Restaurationsbetrieb für Tausende von Besuchern des Deutschen Museums u n d – gelegentlich zu gleicher Zeit – von Konzertbesuchern bei weitem nicht ausreicht.

Schließlich muss darauf hingewiesen werden, dass allein im Hinblick auf die Isar-Insellage die Kosten für die Absicherung der gewünschten Garagen und weiterer Kellerräume gegen Wasser-Einbrüche immens steigen würden. (Infolge des letzten Hochwassers Anfang Juni 2013 waren auch Kellerteile des Deutschen Museums erneut betroffen). Auch die Bauzeit an diesem Ort würde um einiges über der Norm liegen.

Ich hatte im Frühjahr 2012 den Eindruck, dass man seitens der Politik das Fell des Bären schon verteilen will, bevor man ihn erlegt hat. Es sei mit anderen Worten die Frage erlaubt, ob der Bayerische Ministerpräsident Horst Seehofer und der Wissenschaftsminister Dr. Wolfgang Heubisch um die Jahreswende 2011/12 vor der öffentlichen Bekanntgabe dieses von ihnen favorisierten Standorts von ihrer Ministerialbürokratie bzw. externen Fachleuten die von mir aufgezeigten Probleme wirklich auf Herz und Nieren haben prüfen lassen. Ich selbst glaube nicht, dass aus den genannten Gründen ein Konzertsaal an diesem Ort, gleichgültig, ob durch Umbau der vorhandenen Substanz oder als Neubau entstehen wird. Diese Annahme notiere ich im März 2012. Meine Bedenken halte ich, wenn auch ausführlicher, zu gleicher Zeit in einem geheimen Auftrags-Gutachten für das Deutsche Museum fest.

Meine Befürchtungen haben sich inzwischen (Juli 2013) bestätigt: Eine gründliche Prüfung der seit Februar 2013 vorliegenden Machbarkeitsstudie seitens des Kuratoriums und Fördervereinsmitglieds des Deutschen Museums, Herrn Dr. Axel Cronauer, hat gezeigt, dass der für den Konzertsaal zur Verfügung stehende Baukörper „Kongress-Saal Deutsches Museum" nach dessen Um- oder Neubau hinsichtlich Struktur, Flächenaufteilung und Nutzungsanforderungen seitens des Deutschen Museums und des Bayerischen Rundfunks deren Ansprüchen nicht, bzw. nur unter unabwägbaren Einschränkungen genügen wird. Völlig offen geblieben sind bisher u.a. die

Eigentümerfrage, das Betriebskonzept und die für die Baumaßnahme erforderliche Finanzierung.

Diese Bedenken wurden mir auch seitens des Generaldirektors des Deutschen Museums Prof. Dr. Wolfgang Heckl voll bestätigt. Er wies im Sommer 2014 darauf hin, dass die auf inzwischen 53 Mio. Euro angewachsenen Privatgelder als „Anstoßfinanzierung" die Zurverfügungstellung von je 180 Mio. Euro seitens des Bundes und Bayerns überhaupt erst möglich gemacht hätten und der Komplex „Kongress-Saal" als „Forum der Zukunft" (vormals „Forum der Technik" genannt) in die Gesamtsanierungs- und Erweiterungspläne des Museums seit jeher einbezogen worden seien.

Für den Fall, dass nach Ablehnung des Standorts Deutsches Museum ein anderer geprüft wird, bleibt anzumerken, dass die auch von der Bayerischen Staatsregierung eingeforderte private „Anstoß-Finanzierung" von 20 bis 40 Millionen Euro für einen neuen Konzertsaal eine schwere Hürde darstellt. Sollte es sich bei dem neuen Konzertsaal n i c h t um eine herausragende, weltweit beachtete Architektur (Voraussetzung Neubau) an einem sehr attraktiven Standort handeln, sind dem privaten Fundraising von vornherein Grenzen gesetzt. Diese bestehen u.a. darin, dass Private eher für ein Museum als für einen (weiteren) Konzertsaal Mittel zu spenden bereit sein dürften.

Museen für visuelle, bleibende Kunstwerke sprechen weitaus mehr Menschen an als Konzerthäuser mit flüchtigen Hörerlebnissen. Siehe jüngstes Beispiel: Für die Erweiterung des Frankfurter Städel (Museum für bildende Künste) wurden stolze 26 Millionen Euro, das waren 50% der Gesamtfinanzierung, aus privatem Fundraising gewonnen.

Ich rege in diesem Zusammenhang an, insbesondere die regelmäßigen Konzertbesucher der Orchester des Bayerischen Rundfunks (geschätzte 10.000) zu gegebener Zeit zu einer signifikanten Spende für das neue Konzerthaus aufzurufen. Mit beispielsweise 100 Euro wäre das nicht nur die erste Million für die Anstoßfinanzierung, sondern der Beweis, dass das Publikum sich selbst engagiert und nicht nur auf den Staat und die Firmen als mögliche Finanzgeber schaut. Der engagierte Manager des Symphonieorchesters des Bayerischen Rundfunks, Stephan Gehmacher, möglicherweise auch sein Nachfolger Nikolaus Pont werden diesen kleinen Hinweis sicher gerne aufgreifen und zu gegebener Zeit in die Tat umsetzen.

Die Hauptlast der Finanzierung wird unbestritten der Bayerische Staat tragen müssen. Sollte der Bayerische Rundfunk, wie vorgeschlagen, einen maßgeblichen Bauzuschuss (wären die hierfür ins Gespräch gebrachten Mietvorauszahlungen überhaupt rechtlich zulässig?) gewähren wollen, stellte sich u.a. die Frage nach der dadurch später resultierenden Deckungslücke in der jährlichen Betriebsfinanzierung. Einen Investitionszuschuss könnte der BR möglicherweise nur für die Übertragungstechnik leisten.

Interessant erscheint mir, dass der BR sich in den vergangenen Monaten sehr bedeckt gehalten hat in puncto Konzerthaus-Standort.

Bis auf Mariss Jansons, der u.a. seinen persönlichen finanziellen Beitrag zur Finanzierung eines neuen Konzerthauses leisten will, indem er den ihm im Juni 2013 verliehenen Ernst von Siemens-Musikpreis in Höhe von 250.000 Euro dafür zur Verfügung gestellt hat, äußert sich öffentlich weder dessen Intendant Kurt Wilhelm noch griff der Freundeskreis des BRSO bisher aktiv in die Debatte ein.

Auch das mag an taktischen politischen Rücksichtnahmen gelegen haben. Erstmalig äußerten sich Mitglieder der Freundeskreise in einer öffentlichen Veranstaltung im Bayerischen Rundfunk am 1. Juli 2013. Darin plädierte der Bayerische Wissenschaftsminister Heubisch erneut für den Standort Deutsches Museum. Die anwesenden Vereinsmitglieder hingegen lehnten erkennbar mehrheitlich den Standort Deutsches Museum ab (siehe SZ vom 3. Juli 2013, Teil München). Ich hoffe, dass trotz der derzeitigen alternativlosen Haltung des Staatsministers Heubisch die bayerische Staatsregierung, so sie nach der Wahl im Amt bleibt, einen neuen positiven Anlauf (Plan B?) zur Lösung der Konzerthaus-Aufgabe nehmen wird.

Entwicklungen nach den Stadtrats- und Landtagswahlen Herbst 2013/Frühjahr 2014:

Sowohl der neu gewählte Münchner Oberbürgermeister der Dieter Reiter (SPD), als auch der u.a. für Kulturpolitik und die wirtschaftlichen Belange der Gasteig München GmbH zuständige Zweite Bürgermeister Josef Schmid (CSU) versichern mir in persönlichen Gesprächen im Spätsommer 2014, dass man nunmehr einvernehmlich plane, die technischen und finanziellen Grundlagen für die Sanierung, möglicherweise auch den Abriss und Neubau (*„um alle Alternativen geprüft zu haben"*, Zitat beider Herren) des Gasteig zu legen. Die Vorlage solle tunlichst noch bis Jahresende 2014, spätestens jedoch im Frühjahr 2015 dem Stadtrat zur Entscheidung vorgelegt werden.

Das Kostenvolumen beziffert man auf rund 300 Millionen Euro. Dieses Vorgehen werde man nicht abhängig machen von der Entscheidung, ob ein neuer Konzertsaal seitens des Bayerischen Staates gebaut werde oder nicht.

Die Stadt werde sich jedenfalls in planungsrechtlicher Hinsicht nicht dem Bau eines neuen Konzertsaales widersetzen. Es sei Spekulation, ob der Verzicht auf den Bau eines neuen Konzertsaals dazu führen könnte, Staat und Stadt für ein gemeinsam zu finanzierendes Projekt „Neuer Konzertsaal Gasteig" zu gewinnen.

Diese Variante, erstmals am 22. Oktober 2014 von Oberbürgermeister Dieter Reiter der Presse angedeutet und vom Ministerpräsidenten Horst Seehofer vorgeschlagen und als erneute „Priorität" bezeichnet (SZ v. 25./26.10.2014), eröffnet möglicherweise eine völlig neue Debatte mit dem Ziel, die beiden bisherigen Projekte, d.h. Sanierung der Gasteig-Philharmonie u n d Bau eines „neuen Konzertsaals", die vermutlich je Hunderte von Millionen Euro kosten würden, mit nur e i n e r „billigeren" Gemeinschafts-Finanzierung für eine „neue Gasteig-Philharmonie zuzüglich Probesaal etc." zu vereinheitlichen.

Dazu meine Anmerkungen: Würde diese Hypothese, Gemeinschaftsfinanzierung und -betrieb einer „neuen" Gasteig-Philharmonie von Staat und Stadt Wirklichkeit, stünde man – abgesehen von zusätzlich im Gasteig zu schaffenden Räumen für die Orchester des Bayerischen Rundfunks bzw. Auslagerung bisheriger Gasteig-Stamm-Mieter, z.B. der Hochschule für Musik und Theater (Dutzende wertvoller, schallgesicherter Studios würden zweckentfremdet und müssten anderenorts mit erheblichem Aufwand neu geschaffen werden!) – vor den gleichen Problemen der Nutzungskonkurrenz und Terminnot wie bisher. Man käme folglich vom Regen in die Traufe. Insbesondere die privaten Veranstalter hätten dann vermutlich das Nachsehen. Daran würde auch der Bau eines Probesaals mit akustisch der „neuen" Philharmonie gleichkommenden Qualität nur wenig ändern. Ob schließlich die ebenfalls vom Ministerpräsidenten genannte Vision, sogar zwei (gleichwertige?) Konzertsäle in den Gasteig zu bauen, (was vermutlich den Abriss des Gasteig-Gebäudes voraussetzte) überhaupt realisierbar wäre, steht vorläufig in den Sternen.

Diese Idee ist jedenfalls nicht im Geringsten durchdacht, es sei denn, man folgt dem in mehrfacher Hinsicht provokativ-ironischen Vorschlag des Münchener Architekten Jakob Bader. Denn abgesehen von der limitierten Grundstücksfläche würde allein aus Gründen der Lage jedenfalls e i n Konzertsaal benachteiligt werden.

Auch die Frage nach dem Eigentum der dann gemeinsam finanzierten Baukörper ist nicht untersucht worden. Zudem würden logistische Probleme ohne Ende auftreten, wie Parkplätze, Garderoben, Catering etc. etc. Aber, so sagt mir meine Erfahrung in dieser Geschichte: Nichts ist unmöglich in München!

Die SZ berichtete am 25./26.10.2014 ausführlich über diese neuen Vorschläge, die bis Ende Dezember 2014, spätestens Anfang des kommenden Jahres geprüft und darüber beschlossen werden sollen, mit der Überschrift: "Finale furioso". Ich hätte den Titel „Intermezzo furioso con variazioni" gewählt.

Zwei Philharmonien am Gasteig! Ein provokativ-ironischer Vorschlag des Architekten Jakob Bader, München

Am 27.10.2014 folgen Zitate des Intendanten der Münchner Philharmoniker und des Veranstalters Andreas Schessl, die meine Betrachtungen bestätigen: Drohende Gefahren für die privaten Veranstalter und Probleme, wenn sich zwei große konkurrierende Orchester wie bisher nur einen Saal teilen müssen.

Derzeit (Oktober 2014) befürchte ich, dass diese neuen Ideen den Entscheidungsprozess für den Bau eines neuen Konzertsaals erheblich verzögern dürften. Nicht nur Mariss Jansons wird darüber die Geduld verlieren. *„Ich werde zum Narren gehalten!"* (wiederholtes Zitat Jansons im Frühjahr 2015).

Möge die Vision meiner Amtsnachfolger Brigitte von Welser und Max Wagner Wirklichkeit werden: Ein Restaurant auf dem Philharmonie-Dach mit Rundum-Blick auf unsere Stadt. Foto und Montage: Antje Bärmann

Standort für eine Odeon-Philharmonie im westlichen Teil des Finanzgartens

Schon in der vorangegangenen Ausgabe dieser Aufzeichnungen Mitte 2013 favorisierte ich den von einer Expertenkommission u.a. vorgeschlagenen Standort „Finanzgarten" (sog. Plan B). Er hat den Vorzug, als unbebautes Grundstück ohne „Nutzungs-Erblast" zu gelten.

Dieser Ort sollte nach allen Gesichtspunkten (z.B. zentrale Lage, Grundfläche Eigentum des Staates, verkehrstechnisch gut erreichbar, möglichst wenige Privatwohnungen in der Nachbarschaft, umliegendes kulturelles Ambiente, volle Akzeptanz seitens des Publikums und seitens der für die sog. Anstoß-Finanzierung erwünschten Privatgeldgeber) außerordentlich „attraktiv" sein.

Von allen bisher ins Auge gefassten Standorten scheint mir unter den oben genannten Voraussetzungen daher der westliche Teil des sogenannten Finanzgartens, also unmittelbar hinter dem Landwirtschaftsministerium zwischen der Münchner Galerie- und Von-der-Tann-Straße gelegen, für einen neuen Konzertsaal vorzüglich geeignet zu sein. Den dort zu platzierenden Konzertsaal nennen wir fortan Odeon-Philharmonie.

Nur wenige Münchener Bürger, abgesehen von den Nutzungsberechtigten der auf diesem Terrain vorhandenen Parkplätze, kennen diesen Ort. Er wirkt im westlichen Teil, also der Teil, der für einen Konzertsaal infrage käme, ungepflegt, umgeben von nicht schützenswertem jüngeren Baum- und Buschbestand, mit einem Drahtzaun von dem Richtung Osten gelegenen, weitaus größeren und attraktiveren Teil des Finanzgartens getrennt. Auch dieser östliche, nicht vom Projekt Odeon-Philharmonie tangierte Abschnitt wird bis heute nur von wenigen Bürgern besucht, erreichbar durch eine kleine Eisengitter-Pforte an der Galeriestraße und einen Zugang auf der Seite der Von-der-Tann-Straße.

Vor einigen Jahren wurde der Finanzgarten dem Isarauen-Landschaftsschutzgebiet zugeschlagen. Ich halte die Rückwidmung/Aufhebung dieser Maßnahme jedenfalls des „Parkplatz-Teils" und einer daran anschließenden Fläche rechtstechnisch für unproblematisch. Auch würde der wesentlich größere, parkartige Teil Richtung Osten bis hin zum Prinz-Carl-Palais durch landschaftsgärtnerische Maßnahmen, einschließlich der Beseitigung von Parkplätzen hinter dem Prinz-Carl-Palais (dort existierte vorher ein Barockgarten!) in Sinne des Naturschutzes erheblich aufgewertet werden können.

Schließlich könnten auch Teilflächen der östlichen Galerie-Straße aufgelassen, dem Finanzgarten zugeschlagen und als Grünfläche umgestaltet werden, wodurch die Größe, der Garten-/Parkumfang auch nach dem Bau eines Konzerthauses gleich bliebe. Daher entbehrt die Initiative „Rettet den Finanzgarten" jeder nachvollziehbaren Grundlage.

Ich kann an dieser Stelle nur warnen: Die heute „modischen Wutbürger-Initiativen" ohne fundierten Sachverstand hebeln jegliche rechtsstaatlichen Grundregeln unserer repräsentativen Demokratie aus. Sachlich fundierte Entscheidungsprozesse der Staatsregierung im Einklang mit städtischen bauplanerischen Befugnissen mit von jedermann nachvollziehbaren und überzeugenden Ergebnissen dürften und sollten mögliche Bürgerproteste entkräften.

Fachleute des Denkmalschutzes weisen darauf hin, dass im westlichen Teil des Finanzgartens, der allein für den Bau der Odeon-Philharmonie infrage käme, keine verborgenen schützenswerten Anlagen, sondern lediglich einige Kellerräume aus der Vor- und Nachkriegszeit vorhanden wären. Auch der Ensemble- und Naturschutz dürften hier keine unüberwindbaren Hürden darstellen.

Ferner halte ich die Sicherung zu der benachbarten Unterführung an der Von-der-Tann-Straße für technisch möglich (vgl. beispielsweise die Sicherung zwischen Gasteig und S-Bahn-Trasse). Es bestehen ausreichend Möglichkeiten, unterirdische Garagenplätze und Zuwege zum U-Bahnhof Odeonsplatz zu schaffen.

Zu deren Finanzierung notabene: Die Stadt München sitzt auf einem „Juliusturm" von zigmillionen Euro aus Parkplatz-Ablöse-Zahlungen. Für Tiefgaragen wäre ausreichend Platz vorhanden. Notwendige Zufahrten wären von der Galeriestraße aus möglich.

Und schließlich sollte geprüft werden, ob nicht ein Fußgänger-Durchgang durch das Gebäude des Landwirtschaftsministeriums geöffnet werden könnte. Auch an eine Teilumwidmung von Büroflächen für die zukünftige Konzerthaus-Verwaltung wäre denkbar.

Für den Standort Finanzgarten plädieren u.a. auch Gottfried Knapp (SZ vom 05.06.2013) und der Gartenarchitekt Peter Kluska. Kluska schreibt zu diesem Standort u.a.: *"...Weder der dichte Baumbestand westlich vom Prinz-Carl-Palais, noch das Bodendenkmal, der Hügel, Reste der ehemaligen Bastion (unterirdisch) sind in ihrer Substanz gefährdet, da nur im Westen einige wenige (jüngere) Bäume in Anspruch genommen werden. Die Ausweisung als Landschaftsschutzgebiet muss im Rahmen der Aktualisierung des Bebauungsplans neu definiert werden, aus der Gesamtfläche von 32.600 m^2 des Finanzgartens sind das nur 2.700 m^2, um die sich das Landschaftsschutzgebiet verringern würde."* (Quelle Peter Kluska, dem Verfasser am 03.07.2013 per E-Mail übermittelt.

Kluska führt minutiös auf, wie wenige jüngere Bäume für den Standort der neuen Philharmonie geopfert werden im Vergleich zum bleibenden Bestand Richtung Osten und wie dieser Verlust durch kompletter Begrünung der aufzulassenden Galerie-Straße mehr als kompensiert werden könnte).

Finanzgarten nördlich des Hofgartens. Beispielsweise könnte in der dreieckigen Bebauungsfläche (östlich vom Landwirtschaftsministerium, neben der Von-der-Tann-Straße) die Odeon-Philharmonie erstellt werden.

Quelle: Peter Kluska, Gartenarchitekt

Ich füge nochmals ausdrücklich hinzu: Unterstellt, der Staat erwartet ein signifikantes finanzielles Privat-Engagement (sog. Anstoß-Finanzierung) seiner Bürger, dann erreicht er das nur, wenn der Standort attraktiv im Zentrum der Stadt liegen würde. Diese Bereitschaft würde erheblich geringer ausfallen, sollte ein Standort in der Peripherie gewählt werden (z.B. Olympia-Gelände, Messestadt Riem).

Auch der schon Anfang 2014 von der Architektin Andrea Gebhard und Herrn Rechtsanwalt Dr. Josef Nachmann ins Gespräch gebrachte Standort „Umgestaltung" der Pakethalle an der Friedenheimer Brücke hat leider keine attraktive Umgebung, dafür wenigstens akzeptable Verkehrsanbindungen. Angeblich sollen in diesem Fall auch Privat-Investoren vorhanden sein.

Es sei angemerkt, dass eine Reihe weiterer Standorte vorgeprüft worden sind, die aber alle aus den verschiedensten Gründen vermutlich nicht in Betracht kommen werden.

Nach allem liegt es an der Bereitschaft der Stadt München, im Zustimmungsverfahren die Planungs- und Baurechtsgenehmigung für den Standort westlicher Finanzgarten zu erteilen, sobald der Staat als Bauherr den Prüfauftrag erteilt hätte. Sowohl die Bayerische Staatsregierung als auch die Landeshauptstadt München sollten sich diesen Empfehlungen nicht verschließen.

Derzeit (Juli 2013) befürchte ich jedoch, dass kurz-atmige Tagespolitik und bevorstehende Wahlkämpfe (Landtagswahl Herbst 2013, Stadtratswahl Frühjahr 2014) diese Alternative bis auf weiteres vereiteln. Ich vermute, dass die Staatsregierung aus wahltakti-schen Gründen bis zum Ausgang der Wahl alles unterlässt, die endgültige Entscheidung für oder gegen einen neuen Konzertsaal, an welchem Standort auch immer, herbeizuführen. Denn wie schon ausge-führt, könnte dieses Thema landauf, landab zu unbe-rechenbaren Widerständen und Wahlstimmen-Verlusten führen.

Zwischen-Fazit Sommer 2013:

Der neue Konzertsaal in München bleibt bis auf wei-teres unerfüllt auf der Wunschliste vieler Musiklieb-haber. Eine Münchener Konzerthaus-Arie ohne Ende?

Eine Anmerkung: Ich halte nichts vom populisti-schen Argument, Konzertsäle oder auch Museen wür-den „nur" für die zehn bis zwanzig Prozent an Hochkultur interessierten Bürger und Bürgerinnen unterhalten. Wissen wir doch, dass Bildung und Kul-tur auf allen Ebenen ein ganz entscheidender Lebens-faktor unserer Gesellschaft sind, abgesehen von der materiellen Wertschöpfung, genannt „Umweg-Ren-tabilität".

Und München ist unbestritten eine attraktive, international bekannte Landeshauptstadt, deren Bedeutung jedenfalls mittelbar auch auf die bayerische Region ausstrahlt.

Die Wahlen sind inzwischen Geschichte. Im April 2014 kommt eine vom Bayerischen Wissenschaftsministerium erneut einberufene Expertengruppe zum Ergebnis: Der westliche Teil des Finanzgartens sei d e r „Premiumstandort" für den Bau eines neuen Konzertsaals.

Das Ministerium ließ mich im Sommer 2014 wissen, dass eine Ausschreibung erfolgt sei, die die Um- bzw. Neugestaltung des Finanzgartens im Falle einer Konzerthaus-Teilbebauung beinhalten solle. Mit deren Ergebnis sei nicht vor Herbst 2014 zu rechnen. Meine Fragen nach geschätztem Baufinanzierungsvolumen, Eigentümer- und Betreiberkonzept blieben mit einem Achselzucken unbeantwortet.

Intermezzo furioso con variazioni (seit November/Dezember 2014)

Die im Oktober 2014 bereits oben auf Seite 99 ff. angedeuteten Verwirrungen lassen die Interessenvertreter f ü r einen neuen Konzertsaal-Bau nervös werden.

Manfred Wutzlhofer, Vorsitzender des „Konzertsaal München e.V.", ahnt offensichtlich, dass die wetterwendischen Signale aus der bayerischen Staatsregierung und der Stadtspitze München die nunmehr seit vielen Jahren andauernden Bemühungen um einen neuen Konzertsaal erneut bedrohen könnten.

Er stellt daher in einer ausführlichen Presseerklärung vom 4. November 2014 erstmalig dezidiert heraus, dass die Zeit für eine definitive Entscheidung zum Bau eines neuen Konzertsaals reif ist. Präferierter Standort: Östlicher Teil des Finanzgartens.

Warnung vor dem „Irrweg", sich mit welchem auch immer gearteten Kompromiss im Gasteig zu begnügen. Leider wurde ein Phantom-Bild mit einer Konzerthaus-Fassade an der Galerie-Straße veröffentlicht, der zu Fehlschlüssen betreffend die eigentlich vorgeschlagene Lage führte. Nicht zufällig machen kurz danach die Freunde der Initiative „Rettet den Finanzgarten" unter der Federführung von Klaus Bäumler in der Presse Stimmung gegen diesen Konzerthaus-Standort.

Am 11. Dezember 2014 präsentiert der Verein „Konzerthaus München e. V." in einer Pressekonferenz einen ausführlichen Plan zum Bau eines Konzerthauses „Neues Odeon" an der Galeriestraße (also östlich hinter dem Landwirtschaftsministerium im Finanzgarten). Darin werden die diesen Standort stützenden Gesichtspunkte, die auch ich schon vor Jahr und Tag aufgezeigt hatte, ausführlich dargelegt. Die Presse reagiert überwiegend positiv.

Einige Tage später, am 22. Dezember ein erneuter Paukenschlag: Ministerpräsident „Seehofer rückt vom Konzertsaal-Neubau ab" (SZ vom 22.12.2014). Es habe ein Geheimtreffen mit den Herren Seehofer,

Oberbürgermeister Reiter, Wissenschaftsminister Spaenle und Münchens Kulturreferent Küppers gegeben, worin die Alternative der Beteiligung des Freistaates an der Gasteig-Sanierung und gleichzeitiger Erweiterung des Herkulessaales besprochen worden sei. Damit würde der Neubauplan im Finanzgarten (oder anderen Orts) Makulatur und ad acta gelegt.

Wir erinnern uns an die Oktober-Andeutungen. Es sei hier positiv angemerkt, dass eine derartige Kooperation von Staat und Stadt eigentlich einer kleineren politischen Sensation nahekäme. Denn in den letzten zwanzig Jahren haben sich diese Partner nicht auf gemeinsame Großprojekte verständigen können, abgesehen von früheren wie z.B. der Flughafen München und die Messe München, wenn auch als Mitgesellschafter.

Meine Anmerkungen Ende 2014 zu diesen neuen Variationen der Konzerthaus-Arie:

Offensichtlich scheint den o.g. Herren diese Alternative (Totalsanierung des Gasteigs / Entkernung der Philharmonie mit staatlicher Beteiligung und Erweiterung des Herkulessaals statt Saal-Neubau) aus folgenden Gründen attraktiv:

Sowohl der bayerische Staat als auch die Landeshauptstadt München rechnen je per Saldo mit finanziellen Einsparungen in Millionenhöhe, und zwar sowohl bei den Investitionen als auch in der Betriebsmittel-Finanzierung.

Aber nota bene: Gebäude-Sanierungen/Umbauten dieses Umfangs haben in der Regel nicht kalkulierbare, signifikante „Regiekosten"-Erhöhungen zur Folge! Schon jetzt ist nicht mehr von € 300 Millionen Gasteig-Renovierungs- und Umbaukosten, sondern von € 350 Millionen die Rede, im Falle der Entkernung der Philharmonie möglicherweise noch mehr Millionen.

Zum Thema Renovierung des Herkulessaals sei angemerkt, dass es jedenfalls derzeit im dafür zuständigen Finanz-Ministerium hierfür keine konkreten Pläne gibt. Eine Erweiterung des Herkulessaals würde zudem auf dezidierten Widerstand des Generalkonservators des Bayerischen Landesamts für Denkmalpflege Matthias Pfeil stoßen. Er erklärte mir, dass der Herkulessaal sowohl aus Gründen des Denkmalschutzes als auch im Hinblick auf schwerwiegende architektonische, akustische und funktionale Bedenken nicht erweitert werden könne und dürfe. Es bliebe also nur bei einer sog. „Ertüchtigung", insbesondere im Backstage-Bereich.

Die Politiker fürchten den möglichen Widerstand in der Bevölkerung (insbesondere der Anrainer und Naturschützer), vorbereitet und angeführt vom früheren Bezirksausschuss-Vorsitzenden Bäumler. Sie möchten ihn vermeiden. Mein Kommentar hierzu finden Sie auf der Seite 120 ff..

Mit dieser Entscheidung („Zwillingslösung") könnte der Neid anderer bayerischer Städte vermieden werden: „Warum erhält nur München ein teures neues Haus und nicht das übrige Bayern?"

Meine Anmerkung hierzu: Eine typische Politiker-Volte („Was kümmern mich meine voran gegangenen Versprechungen, wenn ich meine eigene – politische – Haut retten kann!"). Abgesehen davon erbringt München für den Staat Bayern einen signifikanten Beitrag zu dessen Wirtschaftskraft. Die Wachstums-perspektive wird in den kommenden Jahrzehnten für die Landeshauptstadt München überdurchschnittlich positiv bewertet.

Die Möglichkeit „gleichberechtigter" Saalnutzungen (für Konzerte und Proben) im Gasteig und im Herku-lessaal durch die Orchester des Bayerischen Rund-funks und die Münchner Philharmoniker wäre zwar unbequem, aber bei gutem Willen bzw. mit obrigkeit-lichem Druck durchsetzbar.

Meine Anmerkung hierzu: Die Streitereien um Termine werden trotz oder gerade wegen der Gleich-berechtigung unvermeidbar sein. Aber dieses vergleichbar „kleine" Problem hätte, weil nicht öffentlich erkennbar, vermutlich keine Bedeutung gegenüber den erhofften finanziellen Vorteilen in-folge Verzichts auf einen neuen Konzertsaal. Als gebranntes Kind aus meinen Gasteig-Erfahrungen mit diesem Problem kann ich jedoch nur warnen vor den voraussehbaren Streitereien zwischen den Orchestern, ganz abgesehen von der Benachteiligung privater Veranstalter und daraus folgend dem Verlust internationaler Orchester-Konzerte in München. Bisher nicht untersucht und beziffert sind die finanziellen Verluste, die sich aus den Zwängen der sog. „Zwillingslösung" für alle Partner ergäben.

Die bisher unbefriedigende „backstage"-Situation im Falle des Gasteig-Um- und Ausbaus für die Orchester des BR verbessern müsste verbessert werden.

Meine Anmerkung hierzu: G l e i c h w e r t i g e Unterkünfte wird es trotz möglicher Bauerweiterungen, allein schon wegen unterschiedlicher Entfernungen zur Philharmonie, nicht geben. Auch hier sind Verteilungskämpfe voraussehbar. Sollte es zu (notwendigen) Bauerweiterungen kommen, wird die Stadt gut daran tun, keinesfalls die bisher am Gasteig residierenden Institute (z.B. die Hochschule für Musik und Theater) auszuquartieren. Wertvolle Räume würden zweckentfremdet. S.o.!

Dass mit dieser Lösung die p r i v a t e n Konzert-Veranstalter bei den Terminvergaben das Nachsehen hätten, scheint den o.g. Entscheidern von untergeordneter Bedeutung zu sein. Ich darf daran erinnern, dass die Privaten auch schon bisher gegenüber den öffentlich-rechtlichen Orchestern bei Terminen stets das Nachsehen hatten.

Stadt und Staat nehmen offensichtlich in Kauf, dass andere Orchester der Welt nicht mehr ausreichend in München konzertieren könnten. Auch Veranstalter, die bisher die Gasteig-Philharmonie mit sog. Cross-over-Programmen füllen, werden vermutlich aus

Termingründen den Kürzeren ziehen. Erst recht gälte dies für Kongressveranstaltungen und Tagungen, die, das sei wiederholt, der Stadt bisher einträgliche Mieterlöse gebracht und daher erheblich zur Reduzierung der jährlichen Betriebsmittel beigetragen haben.

Dennoch gilt auch hier bei Stadt und Staat offensichtlich die Devise: Die finanziellen gemeinsamen Vorteile, d.h. Ersparnisse in Millionenhöhe mit der doppelten Sanierungs-Variante stechen die angeführten Nachteile aus.

Ohne ein bereits vorhandenes neues Konzerthaus werden die Jahre der Gasteig- und Herkulessaal-Umbauten, insbesondere, falls diese gleichzeitig vorgenommen würden, zu erheblichen Schwierigkeiten bei der Konzertplanung aller Veranstalter führen. Denn adäquate Ersatz-Säle sind in München nicht, bzw. nur unter zusätzlichem Aufwand und Einschränkungen verfügbar.

Ich darf erwarten, dass Staat und Stadt nicht nur diese Interimskosten, sondern auch die Mietausfälle und Gehälter unbeschäftigter, nicht kündbaren Personals, das sind bezogen auf die drei bis fünf Umbaujahre insgesamt Verluste in Millionenhöhe, in die Gesamtkalkulation der Investitionsvorhaben einbeziehen werden.

Es besteht die ernstzunehmende Gefahr, dass infolge der Umbauten sowohl die „neue" kleinere Gasteig-Philharmonie (von bisher maximal 2378 auf geplante 1.800 oder auch auf 2.100 Plätze reduziert) als auch ein vergrößerter Herkulessaal (von bisher 1.270

Plätzen auf unerfüllbar gewünschte 1.800-2.000 Plätze erweitert) die Erwartungen an optimale Akustik nicht erfüllt werden.

Dies könnte zur Folge haben, dass allein aus diesem Grunde die Musikstadt München ins internationale Mittelmaß (zurück)fällt. Die gleiche Ungewissheit gilt natürlich auch im Falle einer Totalentkernung der Gasteig-Philharmonie.

Die beabsichtigte Verkleinerung der Philharmonie auf die o.g. Platzkapazität wäre allein schon bedauerlich im Hinblick auf die nur begrenzt mögliche Renovierung im backstage-Bereich (offiziell „Ertüchtigung" genannt) des Herkulessaales.

Sollte der Herkulessaal, der nach Ansicht des Wissenschaftsministeriums ohnehin in absehbarer Zeit renoviert werden muss, nur um wenige Plätze erweitert werden (können) u n d das Podium die gleiche Größe wie bisher behält, bliebe es wie bisher bei unverändert limitierter musikalischer Programmwahl infolge der räumlich begrenzen Orchesterstärke. „Große" Konzerte, insbesondere mit Werken von Komponisten des und 21. Jahrhunderts, werden dann vermutlich nur in der verkleinerten Philharmonie – aber wie groß ist dann das Podium? – aufgeführt werden können.

Ich erinnere daran, dass der Staat vor Jahren angeregt hatte, die Bürger und Privatfirmen mit einer sog. Anstoß-Finanzierung an der Erstellung eines neuen Konzerthauses zu beteiligen. Diese m.E. sinnvolle Vorgabe würde im Falle von zwei Umbauten schon bestehender Objekte (Gasteig-Philharmonie und Herkulessaal) mit Sicherheit fruchtlos bleiben. Stadt und Staat und damit der Steuerzahler würden die Investitions-Lasten alleine tragen müssen.

Völlig ungeklärt erscheint derzeit die Frage, wie denn die Mitfinanzierung der Gasteig-Umbauten seitens des Staates rechtlich mit den derzeitigen Eigentums- und Finanzierungsverhältnissen am Objekt Gasteig vereinbar wäre.

Hier wäre u.a. die vorzeitige Auflösung des Leasing-Vertrages sinnvoll bzw. notwendig. Dann entfiele m.E. auch die ursprünglich primär aus steuerlichen Gründen geschaffene Existenzberechtigung einer Gasteig-Betriebsgesellschaft (Gasteig München GmbH).

Wer spielte dann den neutralen Schiedsrichter zwischen allen Haupt- und Gastmietern? Fragen über Fragen, die vorab gelöst werden müssten.

SCHLUSS-ARIE?

Mein Kommentar Anfang 2015 zu Münchens langjähriger, variationsreicher Konzerthaus-Arie lautet: Ein neues, architektonisch und akustisch überzeugendes Konzerthaus in München, erstellt an einem herausragenden Ort (z. B. im Finanzgarten!), stünde unserer Stadt mit Sicherheit hervorragend zu Gesicht und bescherte ihr weltweit neue positive Beachtung.

Die jüngst vorgeschlagene, politisch und möglicherweise finanziell „klügere", weil billigere Variante (derzeit geschätzt auf maximal **€ 400 Millionen** statt insgesamt rd. € 600-700 Millionen im Falle der Total-Renovierung des Gasteig u n d der Erstellung eines weiteren Konzertsaals im gleichen Haus) mag vielen Mitbürgern behagen, auch wenn sie mit den oben genannten Dauermängeln befrachtet wird. Aber diese Lösung würde in die Geschichte der Stadt eingehen als eine brave, mutlose, provinzielle Entscheidung, die ihr keinen neuen, internationalen Klang verschafft. .

Die Entwicklung des Münchner Musiklebens würde stagnieren. Nur die Münchner Philharmoniker würden sich trösten dürfen: Denn ihnen bleibt die Konkurrenz eines neuen Saales erspart.

Ob dieser Trost den Nachteil aufwiegt, fortan unter dem Diktat der Termin-Gleichbehandlung zu unterliegen?

Die Orchester des Bayerischen Rundfunks hingegen würden ihren Traum von einem neuen Konzertsaal vergessen müssen. Der zehnjährige Kampf darum fände aus deren Sicht ein bitteres vorläufiges (?) Ende.

Die Ironie des Schicksals:

Am 1. Juni 1997 schrieb GMD Mariss Jansons in mein Gästebuch: *"Das ist immer große Freude, im Gasteig zu dirigieren! Bis baldiges Wiedersehen! Mit herzlichen Wünschen und Dankbarkeit! Mariss Jansons"*

Sollte sein Wunsch nach einem neuen Konzertsaal n i c h t in Erfüllung gehen, möge sich der Maestro dieser seiner Worte erinnern. Und er möge den von der Siemens-Stiftung erhaltenen Ehrenpreis von zweihundertfünfzig Tausend Euro, den er großzügig der Mitfinanzierung eines neuen Konzerthauses zugedacht hatte, ohne schlechtes Gewissen seiner Altersversorgung zuführen.

2015: Hilfloses Durcheinander. Die sog. ‚Zwillingslösung‘

Doch Münchens Konzerthaus-Debakel nimmt kein Ende. Ministerpräsident Seehofer und Oberbürgermeister Reiter verkünden am 2. Februar 2015 die schon seit Monaten intern abgestimmte Variante, dass sich der bayerische Staat an einer Totalsanierung, bzw. an der Entkernung des Gasteig-Gebäudeteils der Philharmonie zur Schaffung eines neuen Konzertsaals „von Weltniveau" Zitat Seehofer) finanziell (zwischen 50 und 100 Millionen Euro?) beteiligen werde und gleichzeitig die Renovierung, „Ertüchtigung" (Zitat Seehofer) des Herkulessaals vorgenommen werden soll.

Das Symphonie-Orchester des BR solle „gleichberechtigt" in der Philharmonie mit den Münchner Philharmonikern Termine buchen dürfen.

Zusätzliche Backstage-Flächen bis zu 1.400 qm sollen dem BRSO zur Verfügung gestellt werden, eine Fläche, die durch Auszug der Hochschule für Musik und Theater geschaffen werde.

Die Münchner Philharmoniker hätten ferner die Möglichkeit, in dem „ertüchtigten" Herkulessaal ebenfalls gleichberechtigt zu musizieren. Das Wissenschaftsministerium unterbreitete in diesem Zusammenhang den erhellenden Vorschlag, beide Orchester mögen doch gemäß Oper-Manier einen vierzehntägigen „Stagione"-Rhythmus ihrer Programmfolge je nach Besetzungsgröße des Orchesters in Bezug auf die jeweilige Komposition abwechselnd in der Philharmonie oder im kleineren Herkulessaal planen.

Dieser Rhythmus löse doch alle Termin-Probleme. Hämische Kommentare aus der Öffentlichkeit haben die absurde Idee einer „Zwillingslösung" alsbald verschwinden lassen.

Der Aufruhr in den Reihen der Befürworter eines neuen Konzerthauses blieb nicht aus.

Im Bayerischen Rundfunk wurden eine Pressekonferenz im Beisein u.a. des Chefdirigenten des Symphonieorchesters des BR, Mariss Jansons und des Intendanten des BR, Ulrich Wilhelm sowie eine Fernsehsendung mit Diskussionsbeiträgen geladener Gäste veranstaltet.

Öffentliche Petitionen, u.a. im Internet und auf Listen f ü r den Bau eines neuen Konzertsaals erreichen unerwartete, in die Tausende gehende Unterstützer. Es vergeht kaum ein Tag, an dem nicht in der auch überregionalen Presse dieses Thema – überwiegend mit ironisch-sarkastischem Tenor – behandelt wird.

Die Landtags-CSU-Mehrheit, einschließlich der SPD-Opposition, spricht sich mit einer Ausnahme, dem SPD-Landtagsabgeordneten Markus Rinderspacher, gegen einen Neubau aus.

In der Folgezeit (Frühjahr 2015) vergeht keine Woche, in der nicht neue Variationen zur schier endlosen Konzerthaus-Arie komponiert werden. Mal sind es die Gegner des Standortes Finanzgarten, die den Weltuntergang, zumindest aber die Vernichtung des angeblichen „Biotops" Finanzgarten befürchten, mal sind es neue Standort-Vorschläge, wie der im Gelände des Olympia-Parks (im Areal des jetzigen Eissport-Stadiums), die die Presse beschäftigen.

Eine (noch) geheim gehaltene Sitzung der unmittelbar Betroffenen (Vertreter der BR-Orchester, der Münchner Philharmoniker und der privaten Veranstalter) im März 2015 unter der Führung des Münchener Kulturreferenten Manfred Küppers sollte die Fronten klären helfen.

Die Süddeutsche Zeitung stellt die Frage, warum der Bayerische Rundfunk nicht selbst die Saalfinanzierung übernehmen könne und beruft sich auf europäische Vergleiche. Der BR stellt daraufhin unmissverständlich (?) klar, dass die Finanzierung eines Konzertsaales aus Rundfunkbeiträgen nicht zulässig wäre. Abgesehen davon solle ein neuer Saal nicht n u r von den Orchestern und den Chor des BR, sondern auch von anderen Veranstaltern genutzt werden können. Daher sei (überwiegend) die Öffentliche Hand für die Finanzierung verantwortlich.

Die Süddeutsche Zeitung lädt Mitte März 2015 zu einem öffentlichen Hearing ein: Das Podium wird u.a. von Wissenschaftsminister Spaenle, BR-Intendant Wilhelm, der „Bayreuth"-Sängerin Waltraud Meier und dem Münchner Kulturreferenten Küppers besetzt. Wie leider üblich, ist kein Vertreter der privaten Musikveranstalter in die Podiumsrunde gebeten.

Ich traue meinen Ohren nicht: Das Publikum erfährt
– von Buhrufen quittiert – vom erneuten Bemühen
der Bayerischen Staatsregierung, den Standort Deut-
sches Museum doch noch durchzusetzen, d. h. die
relativ unabhängigen Verwaltungsgremien des Deut-
schen Museums entsprechend zu „bearbeiten". Ein
weiterer Gesichtspunkt zur Finanzierung eines neuen
Konzerthauses, der des bürgerschaftlichen Engage-
ments, also einer privaten Anstoß-Finanzierung,
wurde erstmalig öffentlich angeregt.

Hierzu stelle ich fest: N o c h fehlt ein charismati-
scher „Motor" für diese Aufgabe, wie er vor Zeiten ein
August Everding im erfolgreichen Bemühen um die
Anstoß-Finanzierung des zu restaurierenden Prinz-
regenten-Theaters verkörperte.

Ich wiederhole: Eine entscheidende Voraussetzung
für das private Fundraising ist ein attraktiver Stand-
ort und eine ansprechende Architektur!

Ich selbst erinnerte in der anschließenden Publi-
kums-Diskussion daran, dass ein neuer Konzertsaal
alleine wegen der zunehmenden Termin-Schwierig-
keiten erstellt werden m ü s s e.

Die Situation wird Tag für Tag verworrener, oder,
wie Münchens Kulturreferent Küppers es formuliert:
*„Alle Varianten sind ergebnisoffen und werden dem-
nächst geprüft."* Das kennen wir nun schon seit zehn
Jahren!

Der Förderverein „Freunde der Münchner Philhar-
moniker" hat seine Mitglieder und alle Abonnenten in
die Philharmonie eingeladen.

Vorgestellt wurden Entwürfe für eine variable Gestaltung der Philharmonie durch den Schweizer Architekten Manuel Herz. Auf Anhieb interessante Ideen. Da aber weder Akustiker, noch Bau-Fachleute bisher hinzugezogen wurden, stellen sich noch viele Fragen, wie z.B. die Finanzierung, wie bei variabler Podiums- und Sitzgestaltung sich die Decken-Akustik ändern würde, wieviel Zeit für Umrüstung benötigt würde, Frage nach Stuhllager, etc. etc. Auch die Fragen nach Bauzeit (3-5 Jahre?) oder Ersatz-Spielorten konnten bislang nicht beantwortet werden.

Ein Alternativ-Entwurf der umgestalteten Gasteig-Philharmonie (Architekt Manuel Herz)

Der Verwaltungsrat und das Kuratorium des Deutschen Museums sind alarmiert: Spätestens im Mai 2015 soll der Öffentlichkeit und der Bayerischen Staatsregierung (erneut) klar gemacht werden, dass der alte Kongress-Saal auf der Museumsinsel, im General-Sanierungskonzept des Deutschen Museums als neuer Eingangsbereich mit dem Konzept „Forum der Zukunft" vorgesehen ist und daher ein neuer Konzertsaal keinesfalls infrage komme.

Die Gegner des Konzerthaus-Standortes „Finanzgarten" haben erneut pressewirksam getrommelt: *„Definitiv der falsche Standort"* (SZ vom 21.-22.3.2015). Das Vogelgezwitscher soll durch Maßnahmen einer umfassenden Verschönerungsaktion und Öffnung für das Publikum (bis heute ist der Finanzgarten weitgehend eingezäunt) verstärkt hörbar werden. Ich fürchte, dass diese Aktionen das endgültige „Aus" für den Plan B bedeuten. (siehe Seite 110 ff.)

Ende März 2015 lädt die Bayerische Akademie der Schönen Künste zu einer Podiumsdiskussion ein. Auch hier im Wesentlichen nichts Neues. Lediglich ein Beitrag des Architekten Dieter Koppe, Werkbund, der sich die Mühe gemacht hat, vorsichtige Kosten- und Bautermin-Szenarien zu entwickeln, lässt den Schluss zu, dass der Bau eines weiteren Konzertsaals die schlüssigste Variante sein dürfte.

Wir schreiben inzwischen Ende April 2015. Oberbürgermeister Reiter lässt wissen, dass man sich im Falle einer Totalsanierung des Gasteig o h n e Beteiligung des Staates auf bis zu 450 Million Euro einstellen würde. Diese Summe entspricht der Schätzung von Herrn Koppe.

Das erneute Gutachten, angefertigt von der Beratungsfirma Actori, hat ergeben, dass die sog. Zwillingslösung nicht zu empfehlen sei. Das allerdings pfiffen die Spatzen schon lange vorher von den Dächern. Denn, so das Gutachten, folgten daraus künstlerische, programmplanerische, organisatorische und finanzielle Auswirkungen, die einen erheblichen Mehraufwand nach sich zögen und mit unkalkulierbaren Risiken verbunden wären.

Ich stelle fest, dass diese Annahmen – insbesondere der erstmalig errechnete Hinweis auf finanziellen Einbußen von jährlich rd. Euro 700.000 allein bei den Münchner Philharmonikern – sowohl die Stadt als auch den Staat endlich (?) zu überzeugen scheinen, sich von der Zwillingslösung zu verabschieden. Ob der Oberbürgermeister Reiter nunmehr den Weg für eine Gasteig-Totalsanierung ohne staatliche Mithilfe, einschließlich des Umbaus der Philharmonie noch vor dem Sommer 2015 mittels einer Stadtrats-Entscheidung freigeben wird? Der bayerische Staat zögert derweil, solange nicht *„aus der Mitte der Bürgerschaft"* (Zitat Seehofer) weitere Initiativen zum Neubau und zu dessen Finanzierung erkennbar wären. Auch solle der jüngst vorgeschlagene Standort Olympiapark von einer Arbeitsgruppe untersucht werden.

Möge diese Untersuchung die Bedenken gegenüber diesem neuen Standort hinsichtlich bisheriger Bebauung und schwieriger Eigentumsfragen, problematischer Verkehrsanbindung, Attraktivität (?) der Lage, nachbarschaftlicher störender Lärmbelästigungen u.a. durch Open-Air-Events usw. eindeutig bestätigen.

Der derzeitige Sachstand (Juli 2015) mit der Tendenz zum Neubau eines weiteren Konzerthauses lässt derzeit e i n e wichtige Frage – neben denen des Standortes, der Finanzierung, der Betriebsform etc. – noch völlig offen: Wie werden die Jahre des Philharmonie-Umbaus und die der Erstellung eines neuen Konzerthauses sinnvoll, d.h. zeitlich so entkoppelt, dass ein jahrelanger Stillstand Münchens Konzertlebens vermieden werden kann? Und wo finden sich Ersatzräume in den Phasen der Um- und Neubauten?

E i n e wünschenswerte Lösung käme einem „Wunder" gleich: Die Entdeckung einer Privatperson oder einer Privatfirma, die als Eigentümer einer temporär nicht genutzten großen Halle diese für den (provisorischen?) Umbau in einen Konzertsaal zuließe. Diese Person würde sich als Mäzen in Münchens Konzertwelt ein bleibendes Denkmal schaffen!

Ich schließe meine Aufzeichnungen Ende Juli 2015.

Der Münchener Stadtrat hat am 1. Juli 2015 „vorläufig" entschieden: Der Gasteig soll von 2020 an komplett saniert werden. Unverbindliche Kostenschätzung je nach Umfang zwischen 300 und 550 Millionen Euro. Es ist, nebenbei bemerkt, sehr merkwürdig, dass in Presse und Öffentlichkeit diese gigantische Steigerung angenommener Kosten mit keinem kritischen Wort kommentiert worden ist. Oder ist der

neue Maßstab die Milliarde Euro für die Elbphilhar-
monie?

Die Bayerische Staatsregierung hat am 14. Juli 2015
beschlossen, fünf Standorte für den Standort eines
neuen Konzertsaals (erneut) prüfen zu lassen: Den
Apothekenhof in der Münchner Residenz, ein Stand-
ort, der aus vielen Gründen (u.a. gravierende Ein-
griffe in Jahrhunderte alte, denkmalgeschützte
Architektur, Zufahrten- und Parkplatz-Problematik,
fehlende Nebenräume und Unterkellerung) hoffent-
lich alsbald als unrealisierbar ad acta gelegt wird, das
Eissportzentrum am Olympiapark, die Paketposthalle
an der Elsenheimer Brücke und das Werksviertel am
Ostbahnhof (sog. „Pfanni-Gelände", dessen Eigentü-
mer an ein noch nicht geprüftes Investoren-Modell
einer Public Private Partnerschaft denkt, möglicher-
weise aber auch an Grundstücksverkauf oder an Erb-
pacht) und nicht zuletzt der Finanzgarten.

Das Architekturbüro Albert Speer, Frankfurt/M ist
beauftragt worden, diese Standorte nach Eignung
(nicht nur aus städtebaulicher, funktionaler Sicht,
sondern u.a. auch im Hinblick auf alsbaldige Reali-
sierbarkeit) zu prüfen. Das Ergebnis soll im Oktober
2015 vorgelegt werden. Der Zeitpunkt dessen Veröf-
fentlichung steht noch nicht fest. Ich hoffe, dass die
Bayerische Staatsregierung aufgrund dieser Untersu-
chung eine weise Entscheidung treffen wird und ver-
mute, dass sich Ministerpräsident Seehofer noch vor
Ende 2018 mit dem ersten Spatenstich ein bleibendes
Denkmal setzt.

Meine Standort-Präferenz, den Finanzgarten, habe ich hinlänglich begründet. Aber ich füge hinzu: Dieser kulturhistorisch und verkehrstechnisch hervorragende, von der Mehrheit der musikinteressierten Bevölkerung Münchens favorisierte Standort wird im Zweifel aus den schon genannten Gründen leider n i c h t gewählt werden. Vielmehr fürchte ich, dass eine Fläche gewählt wird, dessen Umfeld jedenfalls derzeit noch wenig ansprechend ist und der allenfalls durch eine außerordentlich attraktive Architektur des neuen Konzerthauses aufgewertet werden könnte. Mit der Wahl einer „zweitklassigen" Lage dürfte auch der wünschenswerte Beitrag einer bürgerschaftlichen privaten Anstoßfinanzierung, wovon seit geraumer Zeit jedenfalls in der Öffentlichkeit ohnehin nicht mehr die Rede ist, kaum noch Chancen haben. Danach bliebe die Finanzierung voll beim Staat, also beim Steuerzahler.

Sollte der Konzertsaal im Pfanni-Werksgelände hinter dem Ostbahnhof tatsächlich gebaut werden, bedarf es nicht nur erweiterter Zufahrten für Pkw, insbesondere der Verbreiterung der Bahnunterführung, sondern auch einer (verglasten) Fußgänger-Brücke vom Ostbahnhof, die Gleise überspannend, zur Friedensstraße. Denn anderenfalls müssten die Konzertbesucher, vom Ostbahnhof kommend, via Orleansstraße, Bahnunterführung Rosenheimer Straße, Friedensstraße mindestens eine halbe Stunde zum Konzerthaus zu Fuß gehen!

Mögen Stadt und Staat gemeinsam mit engagierten Bürgern spätestens in zehn Jahren, also im Jahr 2025, die Musikstadt München mit Konzertspielstätten ausgestattet haben, die sich mit denen anderer Metropolen messen können! Dann dürften Musiker und Publikum sich auch in dieser Stadt wieder in einem Ambiente begegnen, das einen internationalen Vergleich standhält. Und Münchens Konzerthaus-Arie würde nach zwanzig Jahren „Kompositionszeit" mit der Eröffnung bzw. Wiedereröffnung beider Spielstätten in einer bejubelten Doppel-Premiere gefeiert werden.

DAS GEHEIMNIS DER ACRYL-SEGEL

Jeder Philharmonie-Besucher weiß inzwischen, warum die zehn elliptisch geformten Acryl-Segel über dem Orchester-Podium schweben: Der akustischen Ton-Reflektion wegen, da die Decke sehr – zu – hoch geraten ist. Aber hat sich schon jemand darüber Gedanken gemacht, was passierte, wenn es auf dem Podium brennen würde? Die Herren der Bayerischen Branddirektion sehr wohl, und zwar rechtzeitig vor Konstruktion und Einbau der Segel!

Man stelle sich vor – was Gott verhüten möge – die Stradivari-Geigen der Streicher würden lodernd in Flammen aufgehen! Der Leser weiß bereits seit dem Vortage der Philharmonie-Eröffnung, dass die Feuerhitze die Sprinkler-Sensoren in der Decke erreichen und die darüber gestauten Wassermassen die brennenden Stradivaris löschen sollten..., wenn da nicht – welch' Tücke des Objekts – die Akustiksegel den Wasserregen ableiten würden. Dieses Malheur bedenkend, wurden die Konstrukteure der Schall-Reflektoren von der Branddirektion angewiesen, einen Mechanismus zu erfinden, der im Augenblick der Feuersbrunst dazu führen müsste, das Löschwasser ungebremst auf die brennenden Instrumente regnen zu lassen.

Ich erinnere mich an die Stunde, als eine hochrangige Abordnung von Stadträten, Vertretern des Bauamts und der Finanzen sowie der Branddirektion im Hofe der Acryl-Segel-Hersteller gespannten Blicks auf ein Feuerzeug starrten, dessen Flamme den im Prototyp eines Segels eingebauten Sensor dazu bringen sollte, die waagrechte Segelkonstruktion blitzschnell durch einen Zugmechanismus senkrecht zusammenklappen zu lassen. Der aufmerksame Besucher wird jetzt verstehen, warum die Ellipsen vierteilig gespalten sind. Das Experiment gelang unter lautem Beifall der Anwesenden, die Segel erhielten das Plazet der Branddirektion, sie konnten angefertigt und ihrem eigentlichen Zweck der Schall-Reflektion zugeführt werden.

Und noch ein Lob an die Branddirektion: Sie genehmigte meinen Vorschlag, kleine, in Sonderanfertigung konstruierte Klapp-Hocker neben den Innentüren (Fluchtweg!) der Philharmonie zu installieren, damit unsere Einlassdamen im Innendienst der Philharmonie nicht mehr stehend ihren Konzert-Dienst vollziehen mussten, sondern fortan sitzend ihren Pflichten nachgehen durften. Die Branddirektion befand: Die Klappstühlchen behinderten nicht die Fluchtwege.

NOCH EINE STÖRUNG

In einer Pause kommt eine Dame aufgeregt zu mir: *„Sie kennen mich nicht. Aber ich kenne Sie, Sie sind der Gasteig-Hausherr. Bitte veranlassen Sie, dass der Herr im Saal auf dem Platz neben mir aufhört, während des Konzerts ständig in seiner Partitur herumzublättern und zu rascheln. Das ist unerträglich. Kommen Sie bitte schnell mit, ich zeige Ihnen den Herrn, er hat seinen Platz in der Pause nicht verlassen!"*

Mutig entschlossen schreite ich zum Ort des ungebührlichen Störers. Doch schon von weitem erkenne ich, wen ich zurechtzuweisen habe: *„Grüß Gott, lieber Herr Kaiser"* flüstere ich dem „Papst" aller Musikkritiker ins Ohr, die Dame etwa zehn Meter hinter mir wartend. *„Wir müssen jetzt gemeinsam eine delikate Angelegenheit bewältigen"*... usw. usw. *„Janz einfach"* meint Joachim Kaiser, *„sagen Sie der blöden Ziege schönen Jruuß von mir, sie solle platterdings nicht so pingelig sein!"*...

Ich habe der Dame meinen Dienstplatz überlassen und mich nach der Pause zum Kaiser gesetzt.

Dienstag ist, wenn Kaiser ist!

Privat-Soirée nach einem Konzert mit dem Artemis-Quartett. Unter den Gästen Joachim Kaiser. Wir plaudern über die vielen Jahre seiner Vorlesungen über Musik-Interpretationen (Opern, Sinfonien, Kammermusik) im Gasteig. Sechshundert „Kaiser-Süchtige" haben diese wunderbaren Vorträge, kombiniert mit Ton-Einspielungen verschiedener Interpreten, Jahr für Jahr im Carl-Orff-Saal besucht. Damit war er regelmäßig ausverkauft. Beginn traditionell dienstags im Carl-Orff-Saal um 20 Uhr, ob im Sommer oder Winter.

Kaiser ist ein großartiger, wortgewandter Pädagoge, Musik- und Literaturkenner zugleich, dessen flüssiger, lebendiger, druckreifer Vortragsstil in leicht ostpreußischem Dialekt seiner Heimat die Zuhörer eineinhalb Stunden lang fesselt.

Wir stoßen mit einem Glas Rotwein auf seine bisherigen Leistungen, die von der Presse nie gewürdigt wurden (m.E. kleinliche, angebliche Spielregeln unter Kollegen) und auf die Zukunft an. Doch er glaubt Gründe zu haben, seine Vortragsreihe infolge Pensionierung der ihn bisher betreuenden Verantwortlichen des Veranstalters, der Münchner Volkshochschule, beenden zu müssen. Ich springe erfreut in die Bresche, überzeuge ihn weiterzumachen und übernehme mit meinem Institut für Kulturmanagement zwei Jahre lang die Veranstalter-Rolle, Vortragsbeginn auch weiterhin dienstags im Carl-Orff-Saal um 20 Uhr.

Das Publikum ergraut zusehends. Jüngere Hörer wollen nicht nachwachsen. Meine Frau und ich überreden Kaiser, nach Abschluss seiner Interpretationen großer Symphonien seiner „Gemeinde" die Welt und Geheimnisse der Kammermusik zu erschließen.

Aber: Werden wir auch mit diesem Thema genügend Besucher erreichen, genügend, um die hohen Veranstaltungskosten durch Kartenerlöse abdecken zu können?

Ich finde die Lösung in der Kooperation mit der Volkshochschule. Am Dienstag, den 16. November 2010, nach über zwanzig Jahren, verabschieden wir unseren hoch geschätzten, inzwischen achtzig Jahre alten Meister im Kreise von immerhin noch fünfhundert Anhängern seiner Kunst.

Zum letzten Mal wippt Kaiser im Takt der eingespielten Klang-Zitate, stehend hinter dem alten, nur von ihm noch genutzten Rednerpult aus Eichenholz, den Kopf leicht schräg in die Hand gestützt, eilt zwischendurch behände zum Flügel, greift in die Tasten, um ein soeben vom Alban Berg-Quartett gespieltes Thema wiederholend zu sezieren, und bringt es verbal auf den Punkt, wenn er – unübertroffen in seiner Formulierungsgabe – hinzufügt: *„Meine Damen und Herren, Sie hören es vermutlich: Dieses Thema ist eine Mischung aus As-Dur und Weltuntergang!"*

So manchem unserer Hörer stehen die Tränen in den Augen, als Kaiser zum letzten Mal hinter den schwarzen Gassenschals des Podiums verschwindet.

Künstler-Charaktere

Vielen Dirigenten bin ich begegnet, den meisten nur kurz vor oder nach dem Konzert, einigen von ihnen wiederholt. Zu den letzteren gehörte aus verständlichen Gründen Sergiu Celibidache, seit 1979 Generalmusikdirektor der Münchner Philharmoniker bis zu seinem Tode am 14. August 1996.

Celibidache, von vielen Münchnern liebevoll „Celi" genannt, war einerseits ein gefürchteter, aber von vielen ein hoch geschätzter Dirigent. Nicht immer waren die Gespräche, die ich von Anbeginn meines Amtes im Gasteig ab 1982 mit ihm führen musste, angenehmer Natur. Er wusste, dass ihm kaum jemand zu widersprechen wagte, weder sein oberster Dienstherr, der Oberbürgermeister, noch sein Intendant, geschweige denn sein Orchester. Wenn es beispielsweise darum ging, Probe- und Konzerttermine Jahre im Voraus auf Gastorchester aus aller Welt, insbesondere aber auf die des Bayerischen Rundfunks, gerecht zu verteilen, gab es mit ihm ernste Auseinandersetzungen. Mit sachlichen Argumenten konnte man ihm weniger den Schneid abkaufen als mit einer offensichtlich ihm ungewohnten ruhig-knappen Vortragsweise, die keine Liebedienerei oder Unterwürfigkeit erkennen lassen durfte. Dann wurde aus einem polternden GMD ein grummelnder, die Waffen streckender älterer Herr.

Dirigenten müssen – neben aller Musikalität – offensichtlich dominante, bezwingende, führungsbegabte Persönlichkeiten sein, denn sonst würden sie die

Individuen von hundertzwanzig Orchestermitgliedern, von denen so manche als verkannte, verhinderte Solisten mit ihrem Schicksal hadern und sich nur im Hinblick auf ihre lebenslange vorzügliche Bezahlung darüber hinwegtrösten, nicht zur Raison bringen können. Thomas Mann nannte dieses Phänomen treffend *„das Herrscherglück des Dirigenten"*. Das mag zu Charaktereigenschaften führen, die Beobachter als arrogant, überheblich, ungerecht bezeichnen. Wenn unser Freund Joachim Kaiser im SZ-Magazin unseren Maestro einmal als „Arschloch" titulierte, dann entsprang auch diese Sottise mit Sicherheit der scharfen Beobachtungsgabe unseres verehrten Kritikers.

Ich erinnere mich lebhaft an meinen Erstbesuch bei Celibidache im Oktober 1982.

Vorausgeschickt sei, dass auf meinem Amt von Anbeginn die Hypothek der nicht geregelten komplizierten Gasteig-Geschäftskonstruktion lag, die sich insbesondere in den anfänglichen Raumnutzungs-Problemen und den vielen Terminwünschen konkurrierender Orchester zeigte. Die Münchner Philharmoniker pochten als „geborene" Erstnutzer der Gasteig Philharmonie auf uneingeschränkte Terminherrschaft, gefolgt von den beiden Orchestern des Bayerischen Rundfunks als „geduldete" Dauermieter der Philharmonie, ferner die von den Münchner Privatkonzertveranstaltern eingeladenen Gastorchester (u.a. die Konzertveranstalter Hörtnagel, Dr. Göhre / Concerto

Winderstein, Schessl / München-Musik, Pauli / Europa Musicale / Musikerlebnis München, Schreyer / Bell'Arte), und schließlich die Veranstalter von Popmusik.

Wenn dann auch noch der Gasteig-Geschäftsführer vertraglich dazu verpflichtet war, möglichst viele Erträge aus Vermietungen an Kongress- und Tagungsveranstalter zu erzielen, war jedenfalls ein atmosphärischer Dauerkonflikt zwischen den genannten Nutzern, ausgetragen auf meinem Rücken, kaum vermeidbar.

Erst Jahre später konnte ich mit den Münchner Philharmonikern verbindlich erreichen, dass ihr unbefristetes Erstbuchungsrecht auf 18 Monate limitiert wurde. Eine völlige diesbezügliche Gleichbehandlung aller Mieter steht nach wie vor aus.

Franz Xaver Ohnesorg, der ursprünglich als städtischer Gasteig-Direktor im Kulturreferat und gleichzeitig als Intendant der Münchner Philharmoniker fungieren sollte, wurde infolge der 1981 geschaffenen Rechtskonstruktion des Gasteigs als relativ unabhängige städtische Beteiligungsgesellschaft in Form einer GmbH nicht zum Geschäftsführer bestellt. Unabhängig davon hatte er sich mit seinem früheren Gönner Celibidache überworfen und wurde des Intendanten-Postens enthoben.

Mein Vorstellungstermin beim Maestro fand in einer für die Münchner Philharmoniker als Proberaum bis zur Gasteig-Fertigstellung umgebauten Turnhalle im

Münchener Stadtteil Giesing statt. Dort betrat ich das kleine Baracken-Zimmer des GMD.

Ein beeindruckender Gerhart-Hauptmann-Kopf mit langer, weißhaariger Mähne und dunkel funkelnden Augen war mein erster Eindruck. Ich stelle mich ihm vor, worauf mir Celi die Frage entgegenrollt: *„Sind Sie ein zweiterrr Ohnesorrrg?"* Nein, ich sei keine Doublette, weder persönlich noch von der Aufgabenstellung her, antworte ich, und erläutere ihm kurz meine zukünftigen Aufgaben.

Hätten nicht zwei Intendanten, die Celibidache nacheinander dienten, die Eigenschaften von Liebesdienern ihres Maestros an den Tag gelegt und sich im Gasteig mächtiger geriert als es ihre Stellung zuließ, wären meine weiteren Gespräche mit Celibidache oft sachlich-freundlich verlaufen.

So gab er sich einmal recht freundschaftlich-offen, als wir uns in dem gemeinsamen Ferienort Carnac in der Bretagne begegneten, und er sich u.a. bitter über unseren damaligen städtischen Kulturreferenten als musikalischen Banausen beklagte.

Sein Urteilsvermögen über menschliche Charakter-Eigenschaften muss wohl schwach entwickelt gewesen sein, denn er verletzte nicht wenige „seiner" Musiker und hob andere in den Himmel.

Dann polterte er los, sodass mir gelegentlich nicht erspart blieb, mit aller Deutlichkeit auf die Rollenverteilung und Kompetenzgrenzen der Beteiligten hinzuweisen. Und siehe da, er schwieg darauf und hörte verständnisvoll zu.

Zum 75. Geburtstag erhält Sergiu Celibidache bretonische Meeresfrüchte

GAST-DIRIGENTEN

Aber es gab auch sehr zu Herzen gehende Eindrücke anlässlich Begegnungen mit Gast-Dirigenten. Carlo Maria Giulini stellte vor jedem Konzert in seinem Dirigenten-Gastzimmer einen mitgebrachten kleinen Marienaltar auf den Tisch, um sich im stillen Gebet vor Beginn des Konzerts zu sammeln und an seine kranke Frau zu denken.

Und Günter Wand, auf sein soeben grandios „abgeliefertes" Bruckner-Konzert angesprochen, winkt ab mit dem Bemerken, nicht er oder das Orchester, sondern der Liebe Gott habe diese Musik erklingen lassen, und er danke ihm dafür.

Bleibt hinzuzufügen, dass Günter Wand bei Orchestern gefürchtet war, denn er konnte unerbittlich zu Musikern sein, und es wird von so manchen Tragödien und Skandalen berichtet.

Der von seinen Musikern und vom Publikum, insbesondere von meiner Frau gleichermaßen hochgeschätzte Claudio Abbado erschien mir ebenfalls stets fern jeder Star-Allüren, wenn er nach dem Konzert völlig erschöpft – bekanntlich ist er seit vielen Jahren von einer schweren Krankheit gezeichnet – alle Komplimente seiner Verehrer gestenreich abschüttelnd verzückt ausrief: *„No, è solo la musica!"*

Bekanntlich hatte Abbado als spiritus rector 1987 das Gustav Mahler Jugendorchester gegründet. Viele Persönlichkeiten des Musiklebens haben ihn dabei unterstützt, u.a. der erfolgreiche Manager und

Konzertdirektor Hans Landesmann, und Thomas Angyan vom Musikverein Wien. Auch aus der Wirtschaft bemühten sich einige Kräfte um den Aufbau dieses zunächst osteuropäischen Orchesters: Es sollten Paten-Städte gefunden werden, die als „Residenz" für Probe- und Spielstätten, verbunden mit der Bereitstellung finanzieller Mittel, agieren. Karin Berger, Ehefrau von Roland Berger, hat sich beispielsweise jahrelang mit bewunderungswürdigem Einsatz um die Bereitschaft der Bayerischen Staatsregierung bemüht, die Landeshauptstadt München als Residenzstadt für das G.M.O. zu gewinnen. Zum Werbefeldzug gehörte u.a. ein Konzert in München, für dessen Probe ich die Gasteig-Philharmonie und eine Pressekonferenz organisierte. Ein Vorgespräch mit Claudio Abbado und Frau Berger im Wiener Hotel Imperial bestätigte mir erneut, wie sehr Abbado zwar externe Initiativen dieser Art offensichtlich dankbar begrüßte, er aber in seinem Habitus stets bescheiden, zurückhaltend, nach innen gewandt, quasi einen unsichtbaren Schleier zwischen die ihm wohlwollenden Gönner und „seine" Welt der Musik zog. Weder der bayerische Staat noch die Kommune München konnten für diese Idee gewonnen werden. Es gab eben zu viele vergleichbare Konkurrenz-Projekte.

Ein Komponist kämpft um Projektfinanzierung

Hans Werner Henze, einer unserer großen lebenden Komponisten, hat mit großem Engagement die Münchner Biennale für zeitgenössisches Musiktheater ins Leben gerufen. Das Kulturreferat der Stadt München ist Partner dieses Projekts. Henze hat mich irgendwann kennen gelernt und von unserem Förderverein Kulturkreis Gasteig erfahren. Er wurde dann auch in dessen Kuratorium aufgenommen. Ich erhalte einen Brief von ihm, worin er mich bittet, den Kulturkreis Gasteig zu animieren, der Münchner Biennale, bisher mit 4 Millionen Mark seitens der Stadt ausgestattet, weiteres Geld zur Verfügung zu stellen. Denn man möchte nicht nur im Gasteig, sondern auch im Deutschen Museum weitere, nicht von der Stadt subventionierte Stücke, wie z.B. „Der troianische Frieden", „Revelation in the Courthouse Park", zwei Zauberopern von Oliver Knussen und eine Pop-Oper zur Aufführung bringen. *„Ob diese Projekte den Herrschaften des Kulturkreis Gasteig Spaß machen und mein Wohlgefallen finden würden"?*

Ich antworte ihm, dass, abgesehen vom Ziel des Vereins, nur für Gasteig-Kulturprojekte Mittel zur Verfügung zu stellen, unser theoretisch möglicher Beitrag den Rahmen von bescheidenen fünf bis zehn Tausend Mark keinesfalls überschreiten und ich mir nicht vorstellen könnte, mit diesem Obolus lediglich als „Trittbrettfahrer" fungieren zu wollen. Henze lässt nicht locker. Er schreibt mir einige Tage später erneut:

„Übrigens habe ich wirklich nur 4 Mio. zur Verfügung und keinen Pfennig mehr. Ich trete da gerne den Gerüchten (dass es mehr seien, Anm. des Verfassers) entgegen. Alles andere was ich darüber hinaus machen möchte, muss ich mir erbetteln. Inzwischen habe ich auch schon eine Idee gehabt, was ich beim Kulturkreis Gasteig am liebsten erbetteln möchte. Aber darüber möchte ich mit Ihnen plaudern.“

Daraufhin lädt Henze meine Frau und mich in seine elegante Jugendstil-Wohnung in der Münchner Zweibrückenstraße zum Abendessen ein. Sein Lebensgefährte Fausto Moroni hat hervorragend italienisch gekocht. Wir sind begeistert von seiner sprühenden Ideenfülle, seinen Kompositionsplänen, den Schilderungen über seine italienische Wahlheimat in La Leprara bei Rom, das „Festival zur Verbreitung neuer Musik“ für alle Bürger der kleinen toskanischen Bergstadt Montepulciano und seine Erinnerungen an Ingeborg Bachmann. Wir verabschieden uns in bestem Einvernehmen, obwohl der Kulturkreis kein Trittbrettfahrer geworden ist. Als ich ihm anlässlich der Aufführung seiner Sinfonie Nr. 10 in der Philharmonie wieder begegnete – er sichtlich gealtert, aber wachen Geistes – schrieb er mir in das Abendprogrammheft: *„Das ist doch ein gutes Stück Arbeit geworden, nicht wahr? Ihr Hans Werner Henze“*

Zwei Welten

Wolf Wondratschek, bekannter Schriftsteller und Lyriker, schreibt mir per E-Mail am 2. September 2009 nach einer erneuten zufälligen Kurzbegegnung Folgendes: *„War schön, Sie mal wieder gesund und eilig getroffen zu haben. So haben Sie hier meine Email-Nummer, für den Fall. (...*dass wir ihn zu einer Lesung o.ä. einladen wollten, d. Verf.) *Institut für internationales Kulturmanagement klingt nach Marmor – und dann erzählen Sie auf die Schnelle etwas von kleinen, eigentlich lächerlichen Honoraren. Ist das eine Variante auf Erich Fromms Buch SCHEIN UND SEIN? Ich habe ein Konzert mit Johannes Moser am Samstag im fränkischen Kloster Banz und – unter uns gesagt und es braucht ja kein Geheimnis zu sein – die zahlen allein mir 2.000 Euro. Wir machen etwas Neues: Moser liebt meine frühen Gedichte, die aus den guten alten Siebziger Jahren, und so bat er mich, ein Programm zusammenzustellen mit ihm, er sowohl auf dem akustischen Cello als auch auf einem E-Cello, was viele Möglichkeiten auch für Stimme bietet.* (Wondraschek hat bekanntlich ein Buch mit dem Titel „Mara", die Geschichte eines Cellos, geschrieben. d. Verf.) *Wir werden das jetzt mal am Samstag zusammen probieren. Er spielt Ligeti und Schostakowitsch und zertrümmert (wie weiland Jimi Hendrix das Sternenbanner) unsere Hymne und spielt zu einem langen Gedicht von mir einige Walzer à la Wien bleibt Wien etc. Soviel zu dem Schreck, dass Sie ihm tausend Euro Honorar anbieten, der Junge hat in Moskau den*

Tschaikowski-Wettbewerb gewonnen! Verkaufen Sie das Nymphenburger Tafelsilber und bezahlen Sie die Künstler davon! Liebe Grüße und Sie waren immer nett und großzügig zu mir; ich verdanke Ihnen viele Konzerte im Gasteig (die er stets von mir via Dienstkarten umsonst genießen konnte! Anm. d. Verf.), ich vergesse das nicht. Ihr W."

Ich antworte ihm einen Tag später: „Lieber Wolf Wondratschek, Dank für Ihre netten Zeilen. Zum Thema Honorar darf ich Ihnen verraten, dass der „Nymphenburger Sommer" mein eigenes Privatrisiko ist (das bei Wegbleiben von Besuchern bis zu 200.000 Euro beträgt). Diese Konzerte werden nicht von der Öffentlichen Hand subventioniert, wir müssen Mieten für den Hubertussaal zahlen, die Werbung und natürlich auch die Gagen etc. In den vergangenen Jahren haben wir noch nie einen Euro wirklich verdient und waren froh, wenigstens die Kosten erwirtschaftet zu haben. Es gäbe für die Heraufsetzung der Gagen nur eine Drehschraube (theoretisch): Erhöhung der Eintrittspreise! Nur – wir kennen den Markt gut, und bei teureren Karten würden uns die Kunden wegbleiben!

Die Quintessenz ist ganz einfach: Die Künstler, die bei uns auftreten (auch Johannes Moser gehörte dazu!), spielen gerne bei uns für ein bescheidenes Honorar. Ich bin der Letzte, der den Künstlern nicht noch viel mehr zahlen wollte. Aber die Umstände geben das leider nicht her. In guter Erinnerung an Ihren humorvollen Beitrag anlässlich meines Gasteig-Abschieds in

der Philharmonie und dem – (bis heute nicht eingelös-
ten, Anm. d. Verf.) – öffentlichen Versprechen, von
Ihnen ein wunderbares Spaghetti-Gericht zubereitet
und spendiert zu bekommen, bin ich mit herzlichen
Grüßen Ihr Eckard Heintz"

HALB VIRTUELLE PROBE

Noch nie sind sich Maurizio Pollini und Mariss Jansons persönlich begegnet.

Morgen soll das 2. Brahms-Klavierkonzert aufgeführt werden. Ich werde nachmittags vom Bayerischen Rundfunk angerufen, ob ich es irgendwie ermöglichen könnte, dass sich just eine Stunde vor dem seit zwanzig Jahren bestehenden Dienstag-Abend-Kaiser-Vortrag im Carl-Orff-Saal die beiden Weltstars an einem Flügel musikalisch dort begegnen könnten. Denn die Philharmonie sei anderweitig vermietet. Da Pollini kein geeignetes Instrument im Gasteig-Flügeldepot entdeckt hat, mobilisiere ich das Steinway-Haus und lasse kurzerhand einen Top-Konzertflügel heranschaffen. Joachim Kaiser ist begeistert ob dieser Kurzbegegnung, denn er betrachtet sich als den Entdecker Pollinis, da seine Kritiken über diesen genialen jungen Pianisten die Konzertwelt aufhorchen ließen. Beide umarmen sich freundschaftlich.

Kaiser, meine Frau, die Pollini ebenfalls seit langem persönlich kennt, und ich sind die einzigen Zeugen dieser musikalischen Erstbegegnung. Pollini spielt Passagen aus dem Klavierkonzert, Jansons dirigiert sein Orchester virtuell, neben dem Flügel stehend. Wir spüren und sehen, wie sich die beiden auf Anhieb verstehen.

Nach einer halben Stunde, es werden kaum Worte ausgetauscht, ahnen wir, dass das morgige Konzert ein großer Erfolg werden wird.

GAGEN UND SO WEITER

Persönliche Begegnungen mit Anne-Sophie Mutter waren und sind stets bemerkenswert. Sie ist auch privat eine gute Gastgeberin. Ihre Aura, ihr Charme, ihr Weltruf als begnadete Geigerin einerseits, aber auch ihre professionell präzisen Wünsche, beispielsweise nach nuanciert zartweißrosa-farbenen Bühnenlichteinstellungen, die ihrem Teint haargenau entsprechen müssen, bleiben unvergessen. Gerne erinnere ich mich an ihr Konzert mit Witold Lutoslawski, der Anne-Sophie Mutter u.a. sein „Chain II" gewidmet hat und im Januar 1990 seine Partita für Violine mit Orchester und obligatem Klavier dirigierte.

Später habe ich einmal versucht, sie für ein Gasteig-Projekt für das Millennium 2000 zu gewinnen. Dazu gehörte das unvermeidliche Thema „Gage". Also versuche ich mit der charmanten Gesprächspartnerin zu verhandeln. Dabei stelle ich binnen kurzer Zeit fest, dass das Wort „verhandeln" fehl am Platze ist, denn mit ihrem unmissverständlichen Satz: *„Ich habe ja schließlich als Alleinerziehende zwei Kinder zu versorgen!"* beendet sie mit einem bezwingenden Lächeln die Gagendiskussion. Ich habe aus nachvollziehbaren Gründen das Projekt nicht weiter verfolgt.

Eine kleine Zwischennotiz: Die bemerkenswert erfolgreiche Medien-Präsenz unserer Künstlerin erinnert mich an die mahnenden Worte lehrender Kulturmanager, allen angehenden Musikern mit Wunsch nach Solo-Karriere dringend zu raten, sich in gute, fachlich-versierte Profi-Hände zu begeben, um das eigene Image und Auftreten in Bild und Wort zu optimieren. Die Spannbreite zwischen Trauerkloß-Gesichtern im Konfirmanden-Anzug, mit oder ohne abgelichtetem Instrument einerseits, und Pin-up-Glamour-Erscheinungen in sexy Kleidern und wehender Haarpracht andererseits ist beträchtlich. Je nach Typ, nach Zielgruppen, nach Wunsch der eigenen Darstellung und damit Widerspiegelung der eigenen Persönlichkeit und der darin liegenden Intention (primär Musikvermittlung oder Geldverdienst?) wird der Profi-Fotograf und Designer mediengerechte Ergebnisse produzieren.

Ich habe den Verdacht, dass heute der materielle Vermarktungsgesichtspunkt, gefördert sowohl von Veranstaltern als auch insbesondere von CD-Produzenten, vor dem des individuellen Musikerlebnisses und der Vermittlung musikalischer Inhalte steht.

Wie oft ist mir auf meine Frage an Konzertbesucher, welches Programm denn heute Abend in der Philharmonie gespielt werde, die Antwort gegeben worden: „Christian Thielemann!" oder „Sol Gabetta!" Eine gefährliche Entwicklung für unsere Musikkultur, die Verführung durch Namen der so genannten Weltspitze. Die wichtige, ernstzunehmende Vielfalt musikalischen Angebots jenseits des Star-Getümmels leidet darunter.

Bernard Haitink und das Konzertgebouw-Orchester sind bei uns zu Gast. In der Pause begegne ich Anne-

Sophie Mutter und ihrem Mann, dem auch mir schon persönlich bekannten, auch via Ton-Aufnahmen (Jazz und Klassik) geschätzten Sir André Previn.

Auf dem Wege zu Haitink mit beiden heiter plaudernd, denke ich an die vielen Jahre zurück, in denen Anne-Sophie Mutter vor ihrem stets großen Publikum wunderbare Konzerte gespielt hat.

Diese lange Zeitspanne bedenkend, wage ich Previn herauszufordern: *„By the way, Sir, I've known Anne-Sophie much longer than you do!"* Worauf er lächelnd blitzschnell kontert: *„But I do know her better!"*

Eine scherzhafte Gegenfrage, die mir auf der Zunge liegt, unterdrücke ich und gebe ihm stattdessen lieber ein Kompliment für seine treffliche Replik.

Zwei Jahre vor Fertigstellung der Renovierungsarbeiten des Hubertussaals im Schloss Nymphenburg – ich komme darauf später noch einmal zurück – plane ich zwei Eröffnungskonzerte.

In der kühnen Erwartung, dass der damals zuständige Finanzminister Prof. Kurt Faltlhauser und damit der Staat dieses Ereignis auch finanzieren würde, frage ich ihn, welchen Solisten er sich denn wünsche. Wie aus der Pistole geschossen antwortet er: *„Anne-Sophie Mutter natürlich!"*

Auf meine Nachfrage, ob er denn wisse, welche Gage sie für ihren Auftritt verlangen würde, zuzüglich der Gage des sie begleitenden BR-Kammerorchesters, zuckt Herr Minister verneinend die Achseln. Daraufhin verspreche ich ihm, dass ich ihm die Honorarforderungen – die ich insgeheim schon kannte – nach Anfrage schriftlich vorlegen würde. Frau Mutter tut mir den Gefallen, „ausnahmsweise", wie sie betont. Darauf der Finanzminister: *„Der Landtag wird mir die Tür weisen, wenn ich um diese Summe bitten würde!"*

Fortan betrachte ich die Aktion „Eröffnungskonzerte" als mein persönliches Risiko. Ich engagiere das BR-Kammerorchester, kompensiere deren Honorarforderungen mit dem Verkauf der Fernseh-Aufzeichnungsrechte und lade den Rising Star Julia Fischer als Geigen-Solistin ein, zu jener Zeit noch bezahlbar und ebenso attraktiv aussehend wie ihre große Kollegin, wie Herr Staatsminister später festzustellen glaubt.

Nicht nur finanziell ging die Sache für uns gut aus.

Stimmt das Bühnenlicht? Wietold Lutoslawski und
Anne-Sophie Mutter vor der Probe in der Philharmonie

PAUSEN-KOLLEKTE

Wieder einmal stellt sich Anne-Sophie Mutter für ein Benefiz-Konzert zur Verfügung: Sie will – abgesehen von einer von ihr schon geleisteten bedeutenden Spende – mit den Einnahmen ihres Konzerts in der Philharmonie, begleitet von ihrem treuen Pianisten Lambert Orkis, den Bau der Pinakothek der Moderne unterstützen.

Das Konzert ist erwartungsgemäß ausverkauft.

Vor Beginn begrüße ich das Publikum und berichte, dass für das gesetzte Einnahmeziel von 450.000 DM noch knappe 50.000 DM fehlten. Daher bitte ich das verehrte Publikum, doch in der Pause in die blauen Jute-Beutel, herumgetragen von unseren Einlass-Damen, noch ein weiteres Scherflein zu werfen. Als Dank an Frau Mutter könne man ja den im Museum geplanten kleinen Konzert- und Mehrzwecksaal „Anne-Sophie-Saal" nennen.

Das Ergebnis der Pausen-Kollekte: Rund 14.000 DM sowie eine Zettel-Notiz: *Ich verspreche hiermit, das Bar-Ergebnis dieser Aktion zu verdoppeln! XY, Brief-marken-Händler. Anschrift, Telefonnummer.*

Herr XY lädt mich kurz darauf zur Scheckübergabe in das noble Restaurant im Hotel „Königshof" ein. Der Scheck ist gedeckt und weitere 14.000 DM erfreuen den Pinakothek-Verein. Nach einigen Wochen lese ich zufällig in der Zeitung: *„Briefmarken-Händler XY hat Pleite gemacht!"* Koinzidenz?

Der kleine Mehrzweck- und Konzertsaal heißt übrigens heute „Ernst von Siemens-Saal".

Kleine Politiker-Sprüche

Festakt-vormittags in der Gasteig-Philharmonie mit Politiker-Prominenz. Ministerpräsident Edmund Stoiber und ich empfangen den Bundespräsidenten Roman Herzog vor dem Haupteingang. Darauf obligatorischer Eintrag ins Gasteig-Gästebuch.

Ich zum Bundespräsidenten: „Ich denke gerne an meine Studentenzeit zurück, als ich bei Ihnen und Prof. Maunz Staatsrechtsklausuren schrieb. Sie waren hochgeschätzt, auch weil Sie ausnahmslos gute Klausuren-Noten erteilten."

Stoiber fügt hinzu: *„Auch ich war Student bei Ihnen."*

Herzog: *„Na, da sieht man doch, welche Karrieren ich auf den Weg gebracht habe!"*

Bundespräsident Roman Herzog und Ministerpräsident Dr. Edmund Stoiber tragen sich ins Gästebuch ein.

Tag des Bayerischen Handwerks, Festakt in der Philharmonie. Ehrengäste u.a. Bundeskanzler Helmut Kohl und Ministerpräsident Edmund Stoiber, letzterer erscheint zeitversetzt.

Besuch des Bundeskanzlers Helmut Kohl

Dasselbe Ritual, aber dieses Mal ohne Stoiber, denn der Haussegen zwischen den beiden hängt derzeit schief. Kohl steht für die Einführung des Euro, Stoiber ist dagegen.

Auf dem Wege zur Philharmonie flüstert Kohl mir plötzlich ins Ohr: *„Kann ich noch mal schnell wohin*

'für kleine Mädchen'?" Wir hängen flugs die Body-
guards ab und eilen hinter die Bühne zum stillen Ört-
chen.

Zurück zur Philharmonie: *„Herr Bundeskanzler, das
Protokoll hat zwischen Sie und Stoiber den Herrn
Landtagspräsidenten gesetzt, Sie können sich denken,
warum".*

Kohl darauf: *„Das wäre aber nicht nötig gewesen, ich
werd' mit dem schon fertig. Das wird in meiner Rede
zum Ausdruck kommen!"*

Und so geschah es auch: Kohl brach eine Lanze für
die Euro-Einführung.

Deutsches Glatteis

Jean-Claude Kuner, Schweizer „halbjüdischer" Theaterregisseur, will mit uns das Bühnenstück „Der Jude von Malta" von Christopher Marlow, einem englischen Zeitgenossen Shakespeares, produzieren.

Aber ganz einfach war die Lage nicht. Vor zwei Jahren musste mein geschätzter Kollege Ulrich Schwab, Chef der Alten Oper in Frankfurt, auf Geheiß des damaligen Oberbürgermeisters Wallmann seinen Hut nehmen, weil er das angeblich antisemitische Stück von Rainer Werner Fassbinder „Der Müll, die Stadt und der Tod" trotz drohender und dann auch eingetretener Proteste der Frankfurter jüdischen Gemeinde auf die Bühne bringen wollte.

Dazu sei erinnert, dass Fassbinder in der Zentralfigur dieses Stückes offensichtlich den späteren Präsidenten des deutschen Zentralrats der Juden, Ignaz Bubis, zeichnen wollte.

Schwab verteidigte seine Haltung mit dem Satz: *„Literatur ist frei und unterliegt keiner Zensur!"* Dieses Argument hat ihm nicht geholfen. Mit einer hohen Abfindung ausgestattet, musste er seinen Hut nehmen, verließ Frankfurt und wurde etwas später Generalintendant der drei Mannheimer Theater.

Inhaltlich weckt „Der Jude von Malta" Erinnerungen an Lessings „Nathan der Weise" oder Shakespeares „Der Kaufmann von Venedig", Werke, die seit Jahrhunderten zur Weltliteratur gehören und gegen jeden Widerstand aufgeführt werden. Doch Vorsicht ist die

Mutter der Porzellankiste, denke ich mit Blick nach Frankfurt, und mache mich auf den Weg zu Persönlichkeiten, die vielleicht mit ihrem Urteil unseren Plan stützen oder auch in Frage stellen könnten.

Kulturbürgermeister Klaus Hahnzog und gleichzeitig Aufsichtsvorsitzender unserer Gasteig GmbH: *„Wasch mir den Pelz und mach mich nicht nass! Sie sind nichtweisungsgebundener Geschäftsführer in dieser Angelegenheit und verantworten Ihre Entscheidung alleine!"*

Der katholische Prof. Dr. Johann Maier, profunder Kenner der Materie: *„Da kommen schon böse Worte über den Juden vor. Ich wäre an Ihrer Stelle vorsichtig! Aber entscheidend ist letztlich die Art der Inszenierung!"*

Evangelischer Landesbischof in Bayern Hermann von Loewenich: *„Das ist Literatur und eine vierhundert Jahre alte dazu. Ich sehe keine Gefahr."*

Rachel Salamander, Inhaberin ihrer jüdischen Buchhandlung: *„Zwar Literatur, aber es könnte Animositäten bei Juden geben, die in der ehemaligen „Hauptstadt der Bewegung" leben. Was sage Snopkowski denn dazu?"*

Dr. Simon Snopkowski, Präsident der Gesellschaft zu Förderung jüdischer Kultur und Tradition: *„Heintz, wir kennen uns zwar schon lange und schätzen uns. Aber, ich werde die Presse mobilisieren, wenn Sie das Stück auf die Bühne bringen!"*

Ich lade ihn zwar zu Proben und Gesprächen mit Kuner ein, um ihn zu bekehren, aber er ist zu keinem Einlenken bereit. Begegnet sind wir uns später dennoch immer wieder, ohne Groll.

Charlotte Knobloch, Vorsitzende der israelitischen Kultusgemeinde von München. Sie fragt: *„Wann hat Marlowe das Stück geschrieben?"* Ich: *„1592"*. Sie: *„Aha! Das ist schon lange her. Es leben zwar noch Juden in München, die Dachau überlebt haben. Aber Frage: Werden Sie plakatieren?"*

Meine Antwort: *„Aber ja. Wie üblich."* *„Schön, dann drucken Sie die drei Zeilen untereinander: Christopher Marlowe, Der Jude von Malta, 1592, alle Buchstaben und Zahlen in gleicher Größe! Dann wird niemand protestieren. Ich sag's Ihnen!"*

Oder doch? Beinahe vergaß ich zu notieren, dass unser Hauptsponsor, die weltweit operierende Zigarettenfirma Philip Morris, auch ein Wörtchen mitreden sollte.

Ferdi Breitbach, der umtriebige, begeisterungsfähige PR- und ÖA-Chef der Firma, ist zunächst wankelmütig: Im New Yorker Board des Konzerns säßen auch Juden. Wenn die etwas Negatives über sein Engagement in dieser Sache erführen, für den Fall, dass es in der Presse Aufruhr gäbe, dann müsste er doch wohl alsbald seine Koffer packen. Als er aber später in den Proben mit Regisseur und Schauspielern über die feinsinnige Inszenierung diskutiert hat, gibt er „grünes Licht".

Die Aufführungen wurden ein Erfolg. Der Protest blieb aus. Frau Knobloch und andere haben Recht behalten.

Musik auf dem Himmelsweg

Brahms-Requiem in der Philharmonie. Voller Saal.

„Denn alles Fleisch, es ist wie Gras"

Leichte Unruhe im Block K vor der Ausgangstür. Von meinem Dienstplatz aus werfe ich instinktiv einen Blick schräg zurück nach oben. Ein älterer Hörer, gestützt von einer Einlassdame und einer Besucherin, wankt aus dem Saal. Die Tür schließt sich leise. Nur wenige bemerken die Störung. Der Alarm-Rüttler unter dem Jackett des diensthabenden Arztes springt an. Der Arzt schleicht sich unten aus der Seitentür.

Der Chef vom Dienst notiert in seinem Abendbericht: *„Trotz sofortiger Hilfeleistung durch Arzt und Rotkreuz-Helferinnen Wiederbelebungsversuche erfolglos. Herzversagen."*

Später der Arzt zu mir: *„Einen schöneren Tod als bei dieser Brahms-Musik kann man sich eigentlich nicht wünschen."*

GERANGEL UM KONZERT-TERMINE

Die unvermeidliche Hackordnung der Philharmonie-Veranstalter zeigte sich insbesondere bei der Anmeldung und Vergabe gewünschter Konzert-Termine.

Der Leser weiß inzwischen, dass die Buchungspriorität bei den Münchner Philharmonikern liegt, gefolgt von den Orchestern des Bayerischen Rundfunks. Diese Klangkörper wurden zunächst mit den gewünschten Terminen bedient. Dann erst stritten sich die freien, privaten Konzertveranstalter um die verbliebenen Philharmonie-Termine.

Schon bald nach Eröffnung der Philharmonie begann ich, gewisse Ordnungs-Grundsätze für die Termingerechtigkeit und -vergabe zu schaffen. Unsere Schlichter-Rolle kam insbesondere bei den privaten Veranstaltern zur Geltung. Wir installierten alsbald eine jährlich bei uns stattfindende so genannte „Elefanten-Runde" der Münchner privaten Musikveranstalter, worin wir die Terminwünsche entgegennahmen und in Streitfällen gewisse hier nicht näher auszuführende Spielregeln anwendeten.

Ich erinnere mich an einen in jedem Jahr besonders begehrten und umkämpften Termin, den des Karfreitags. Etwa drei bis vier Veranstalter wünschten jährlich die Aufführung der Bach'schen Passionen an diesem Tag. Mehr als zwei Passionen waren aber aus Zeitgründen nicht durchführbar.

Ein schlitzohriger, stadtbekannter Passions-Veranstalter forderte sein angebliches Erstbuchungsrecht sogar mit präziser Zeitangabe: Denn, so argumentierte der bibelfeste Kollege, seine Matthäus-Passion müsse schon deshalb jedes Jahr am Karfreitag, und zwar unbedingt beginnend am frühen Nachmittag, aufgeführt werden, weil Jesus Christus in der dritten Stunde, also um 15 Uhr, gekreuzigt worden sei (siehe Markus 15/25). Dieser Hinweis hat ihm nicht geholfen, denn ich machte ihn auf den Zeitzonen-Unterschied zwischen Jerusalem und München von zwei Stunden aufmerksam.

BESUCH DES LIEDERMACHERS

Viele Jahre hatte die Münchner Bücherschau im Haus der Kunst stattgefunden. Sie findet bei uns im Gasteig eine neue Heimat. Münchner Verlage präsentieren jeweils im November ihre Neuerscheinungen. Ein Rahmenprogramm bietet dem in Scharen strömenden Publikum Autorenlesungen.

Auch der bekannte deutsche Liedermacher und Lyriker Wolf Biermann ist gekommen, Mitte fünfzig, mit braunem Schnauzbart.

Er liest und singt zur Gitarre. Ich bitte ihn um ein Autogramm. Mit der linken Hand beginnt er, von rechts nach links in Spiegelschrift ein Gedicht in mein Gästebuch zu schreiben: *„Wer Hoffnung predigt, tja der lügt...".*

Zwanzig Jahre später. Wieder kommt Wolf Biermann zur Bücherschau. Er hat gerade seinen 75. Geburtstag gefeiert. Ich zeige ihm seinen Eintrag und meine in Schreibmaschine daneben gesetzte lesefähige „Übersetzung".

„Wir sind seither beide zwanzig Jahre älter, lieber Wolf Biermann. Ihr Schnauzbart ist grau geworden. Haben Sie dieses Gedicht noch im Kopf?" frage ich.

„Na klar," antwortet er lachend, *„im Kopf schon! Nicht im Arsch!"* und schreibt unter seine (meine Schreibmaschinen-) Verse:

„Für E.H., 100 Jahre später, Ihr Bier-Greis."

BLACKOUT

Verdi-Requiem. Es jubelt der Chor, es brillieren die Solisten, es schmettert das Blech des Bayerischen Staatsorchesters, zu Gast in der Philharmonie. Die Zuhörer schwelgen, sind entzückt. Plötzlich: Totalfinsternis im Saal. Ich beginne leise die Sekunden zu zählen: *„Einundzwanzig! Was sagst Du morgen der Presse? Zweiundzwanzig! Wie lange wird's ohne Notenlesen noch weitergehen? Dreiundzwanzig! Wer hat bloß diese Panne verursacht? Vierund...“*

Das Licht kommt zurück. Die Musiker spielen weiter, als ob nichts geschehen wäre. Ich hege einen bestimmten Verdacht. Hochnotpeinliches Verhör der Dienst habenden Beleuchtungs-Mitarbeiter. Man hält eisern zusammen und dicht. Keiner will's gewesen sein.

Vierzehn Jahre später. Besuch von Claudia F., vor Zeiten als Beleuchterin aus dem Gasteig ausgeschieden. Sie erkundigt sich bei mir nach Seminarangeboten im Kulturmanagement.

Ich frage sie: *„Hand auf's Herz! Haben Sie damals...?“*

Ja sie sei es gewesen. Eine falsche Handbewegung auf dem Lichtmischpult, Blackout, aber schnell den rettenden Knopf wiedergefunden....

Eintrittskarten per Computer

Rechtzeitig vor Eröffnung der Philharmonie haben wir es geschafft, ein computergesteuertes Kartenverkaufs-System einzusetzen. Bis auf anfängliche kleinere Pannen, die uns beispielsweise Doppelbuchungen bescherten und uns vor Beginn der Konzerte zu improvisierten Suchaktionen nach frei gebliebenen Sitzplätzen für die „Doppler" zwangen, hat sich das System hervorragend bewährt.

Mein Kollege Wilfried Spronk, Geschäftsführer der Münchner Olympiapark GmbH und ich hielten dieses Vertriebssystem für ausbaufähig. Denn, so argumentierten wir, ein einheitliches Vertriebssystem für alle Münchner Veranstaltungsstätten, verbunden mit möglichst vielen Vorverkaufsstellen, wäre die ideale Lösung für das Publikum und sparte zudem viel Personal und damit Geld.

Als Vorbild nahmen wir uns das Köln-Ticket-System. Es hat mehrere Jahre gebraucht, den Stadtrat von unserer Idee zu überzeugen. Seitdem arbeitet unsere München Ticket GmbH als städtische Einrichtung (Gesellschafter sind Gasteig München GmbH und die Münchner Olympiapark GmbH) effizient und profitabel.

Nur eines ist uns nicht gelungen, auch die staatlichen Veranstaltungsstätten (u.a. Residenz-Theater, Nationaltheater/Oper) in dieses Verbundsystem zu integrieren. Der politische Graben zwischen Staat und Stadt war schlicht zu tief.

VIP-BESUCHE

Warum darf ein Gasteig-Geschäftsführer bei sich bietender Gelegenheit nicht auch Persönlichkeiten begegnen, die er sonst nur aus Presse oder Fernsehen kennt?

Gerne denke ich an die kleine Plauderei in meinem Büro mit der schon von ihrer Krebskrankheit gezeichneten Audrey Hepburn zurück, als sie mich anlässlich ihres Besuchs auf dem Münchner Filmfest nach einem „ruhigen Winkel" fragte. Unter vier Augen entwickelt sich ein schönes Gespräch, und ich bin angetan von der schlichten Selbstverständlichkeit und Bescheidenheit, mit der sie ihre Eindrücke vom bisherigen Besuch in München schildert. Und dann finden wir kleine Gemeinsamkeiten, wie die Begeisterung für guten Jazz und unsere persönlichen Begegnungen mit Musikern wie Oscar Peterson, Miles Davis, Ella Fitzgerald, Sarah Vaughn, Sten Kenton, Dave Brubeck oder Liza Minelli, um einige zu nennen.

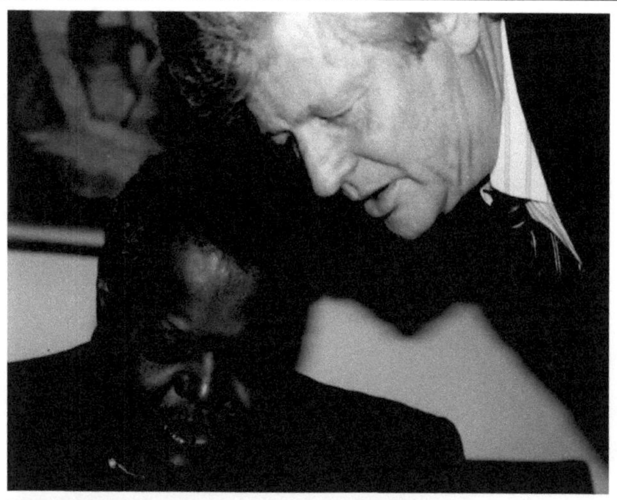

Der Jazz-Pianist Oscar Peterson zu Besuch in der
Philharmonie

Liza Minelli ist unser Stargast. Das VIP-Publikum ist begeistert, wie sie auf großer, abgedunkelter Bühne auf dem Barhocker im Lichtkegel sitzt und ihre berühmten Lieder singt.

Nach der Vorstellung drängelt sich so mancher VIP hinter die Bühne, um ihr zu begegnen. Auch Fürstin Gloria von Thurn und Taxis kommt mit Hella von Sinnen, vormals bekannte Fernseh-Komikerin und Vertreterin der Lesben-Bewegung. Sie schaut mich an und ruft: *„Ich habe großen Durst! Gibt es hier nicht etwas zu trinken?"* Ich verstehe ihre versteckte Aufforderung, dass ich mich darum bemühen solle, bin aber anderweitig beschäftigt und zeige ihr daher

freundlich die Richtung zum Restaurant mit dem Be-
merken: *„Selbst ist der Mann! Dahinten stehen Ge-
tränke für die Künstler!"*

I.K.H. Sonja von Norwegen und Oberbürgermeister
Christian Ude

Ich gestehe, dass ich mit großem Vergnügen mit kö-
niglichen Gasteig-Besuchern wie beispielsweise
Beatrix der Niederlande, Sonja von Norwegen oder
Silvia von Schweden nebst Ehemann König Gustav
und Backfisch-Prinzessin Viktoria während unserer
Rundgänge durch das Haus geplaudert habe. Dabei
störten uns nie die Protokoll-Eifrigen oder Body-
guards.

Nachtrag:

Ich bin gespannt auf die Foto-Resultate. Denn außer dem von uns bestellten Fotografen durfte gemäß Protokoll unseren Rundgang keine Presse begleiten. Nachmittags kommt der Fotograf in mein Büro. Mit hängenden Ohren und tiefem Bedauern entschuldigt er sich, er habe leider vergessen, einen Film in seinen Apparat zu legen. Also nichts mit Erinnerungsfotos. Diesem Herrn bin ich nie wieder begegnet. Meine Frau hätte ihn auf der Stelle umbringen wollen. Tröstlich: Es gab unerwartet doch noch einen anderen Privatfotografen!

S.K.H. Prinz Charles besucht München und den Gasteig

MUSIKER-FRÄCKE

Neben dem Nobelpreis gehört der 1989 geschaffene, mit rund 100.000 Euro ausgestattete und jährlich verliehene japanische Kunstpreis „Praemium Imperiale" zu den bedeutendsten Auszeichnungen der Welt. In diesem Jahr (1998) wird er an die russische Komponistin Sofia Gubaidulina verliehen.

Zum Festkonzert, das ihr zu Ehren in der Philharmonie gegebenen wird, erscheinen die Jury-Mitglieder, zu denen u.a. Ted Heath, Raimon Barre und Helmut Schmidt (Anm. siehe auch sein Buch „Außer Dienst, Eine Bilanz, Siedler Verlag 2008, S. 64) gehören.

In Parenthese: Unser Alt-Bundeskanzler und der Alt-Premierminister Heath haben vor langer Zeit einmal gemeinsam im Fernsehen als Laien musiziert und sind bekanntlich Musikliebhaber.

In der Pause werden diese Gäste von uns betreut. Meine Frau unterhält sich angeregt mit dem französischen Ehepaar Barre. Nach dem Pausen-Dreiklang-Gong begleite ich Helmut Schmidt zurück auf seinen Platz in der Philharmonie. Er erkundigt sich interessiert nach dem Münchner Konzertleben. Und er sinniert laut über die Frage, ob wir in zehn Jahren immer noch ein volles Haus interessierter Konzertbesucher, vor allem aber ein in Frack und schwarzes Abendkleid gewandetes Orchester erleben werden.

Diese Zeitspanne ist inzwischen verflossen. Schmidt darf heute (2012) zugestimmt werden, dass das Konzertpublikum zahlenmäßig abgenommen hat. Nur selten sind die Säle ausverkauft. Aber die Tenues der Orchester-Musiker haben sich bis zur Stunde nicht verändert.

Mit Sicherheit aber werden sich die Verantwortlichen für unsere zukünftige Musikkultur verstärkt damit beschäftigen müssen, neue Formen der Interaktion zwischen Musikern und dem Publikum zu finden. Dazu gehören nicht nur die architektonische Saalgestaltung, sondern ebenso Fragen zu pädagogischer Musikvermittlung, modernen Marketing-Strategien einschließlich aller Internet-Instrumente, zu Musikinhalten, zum Wandel der Altersstruktur, der dauerhaften Kundenbindung und zu anderem mehr.

Alt-Bundeskanzler Helmut Schmidt orakelt über die Zukunft der klassischen Musik

KLAVIER-DUO IN DER PHILHARMONIE

Der Komponist Wilfried Hiller als Vorstandsmitglied des Kulturkreis Gasteig und ich organisieren eine *„Lange Nacht der Tasten"* in der Philharmonie. Vierzehn Tage vor dem großen Klavier-Festival eröffnet er mir, dass auch ich als Laien-Pianist, zusammen mit ihm, das kleine, kurze vierhändige Stück „Valse des Fleurs" von Igor Strawinsky spielen müsse, eine Überraschung für das Publikum sozusagen.

Ich übe, was das Zeug hält. Noch nie habe ich ein derartiges Lampenfieber vor einem Auftritt vor großem Publikum gehabt wie an jenem Abend. Wir hätten das Stück gut „abgeliefert", wie uns die Aufnahmeleitung des Bayerischen Rundfunks hinterher versicherte. Seither ahne ich, wie sich Künstler vor einem Konzertauftritt fühlen mögen...

AUDI QUATTRO

Kaum ein Dirigent war so umworben wie Carlos Kleiber. Nur wenige große Orchester wie die Wiener Philharmoniker oder auch das Bayerische Staatsorchester konnten sich glücklich schätzen, mit ihm in der zweiten Hälfte seines Lebens länger zu arbeiten.

Carlos Kleiber dirigiert (am 18. September 1987) in der Philharmonie das Bayerische Staatsorchester (Brahms/ Mozart). Schon vor dem Konzert bitte ich den bekanntermaßen ebenso begnadeten wie unberechenbaren Künstler um einen Eintrag in mein Gästebuch. Er notiert: *„Hoffen wir, dass der Lenz in dem Saal lachen wird! Herzlich, Ihr Carlos Kleiber"*.

Nach dem Konzert bestätigt mir ein zufriedener Maestro, dass der Lenz gelacht habe.

Einige Jahre später begegne ich ihm als Besucher eines Klavierkonzerts von Pollini. Ich spreche ihn auf sein Philharmonie-Konzert an und das kürzlich so stürmisch gefeierte Dirigat des auch von mir besuchten „Rosenkavaliers" in Wien. Und ich versuche, ihn zu einem neuen Lenz-Erlebnis im Gasteig zu gewinnen. Seine Antwort bleibt erwartungsgemäß höflich vage. Mein nächster Versuch muss also schriftlich erfolgen. Aus zuverlässiger Quelle weiß ich, dass Carlos Kleiber nie an ihn gerichtete kuvertierte Briefe öffnen, sondern sie ungelesen wegwerfen würde. Also schreibe ich meine Anfrage mit meiner alten Reise-Schreibmaschine auf eine offene Postkarte. Natürlich wusste ich, dass Kleiber nur sehr selten eine Einladung annahm und diese auch nur nach Wetterlaune, vor allem aber, dass er dem Vernehmen nach neben dem Honorar auch die Beigabe eines neuen Audi Quattro oder *„die Auffüllung seines Eisschranks"* erwartete. Man führt diese merkwürdigen Wesenszüge – abgesehen von seiner Genialität – auf den übermächtigen Vater Erich Kleiber zurück, dessen Ruf als großer Dirigent Sohn Carlos Zeit seines Lebens belastet haben mag.

Carlos Kleiber hat meine Karte gelesen. Denn er antwortet, ebenfalls auf einer Postkarte zwei Tage später: *„Dear Sir, thanks for your card. (15.II.96). As to your question: Sorry, no go. With Best wishes, Carlos Kleiber"*. Er dirigierte ein halbes Jahr später in Ingolstadt (sic: Audi Quattro?).

DIVA DER SÄNGERINNENZUNFT

Mit Jessye Norman habe ich Kummer. Sie will partout niemandem begegnen, wenn sie aus ihrem Künstlerzimmer auf die Bühne der Philharmonie eilt, um sich einzusingen bzw. später mit den Münchner Philharmonikern unter Celibidache die „Vier letzten Lieder" von Richard Strauss zu proben.

Unglücklicherweise singt zur selben Zeit der Philharmonische Chor nebenan im so genannten Chorprobenraum. Dame Norman kommt aus ihrem Zimmer, ihre üppigen Formen im Trainingsanzug verborgen. Just in diesem Augenblick öffnet sich die Tür des Chorprobenraums und die Sänger strömen heraus, obwohl ich sie gebeten hatte, zunächst durch einen Vertreter mit mir Kontakt aufzunehmen, ob „die Luft rein" sei. Jessye Norman flüchtet in den Saal, sieht eine kunstvoll aufgehängte Mikrofonierung über der Bühne und faucht uns an, was dieses bedeute. Ich gebe ihr zu verstehen, dass morgen früh der Bayerische Rundfunk probe und erst dann die Anlage genutzt werde. Sie traut uns nicht und insistiert, die Verkabelung müsse verschwinden, sonst werde sie nicht singen. Ich entgegne: *"Dame Norman, I am afraid, this will cause some problems!"* Sie zischt zurück: *"You have your problems, I have mine!"* Nur Dank guter Beziehungen zum BR erklärt man sich dort bereit, die Mikrofonierung abzutakeln, um sie noch in der folgenden Nacht wieder einzurichten, ein stundenlanger mühsamer und sicher auch kostspieliger Aufwand.

Nach der Probe beschwert sie sich über die unglaublich schleppende Dirigierweise unseres Maestros. Sie könne in bestimmten Passagen kaum so lange den Atem halten. Wenn das so weiterginge, würde sie nicht auftreten.

Der Intendant bekniet Miss Norman, Geduld zu haben, er würde Celibidache bitten, das Tempo zu forcieren. Sie hat am folgenden Abend himmlisch gesungen.

Am übernächsten Abend sehe ich zufällig Jessye Norman als Gast in der Talk-Show mit Alfred Biolek. Auf seine Frage, sie sei ja als Diva bekannt, lacht sie breit und antwortet: *„I am a Diva? Never, my friend!"*

NAHKÄMPFE

Mein geschätzter Kollege Andreas Schessl, Gründer und sehr erfolgreicher Inhaber von MünchenMusik und ich (im Namen der Gasteig GmbH) gründen eine Gesellschaft bürgerlichen Rechts mit dem schönen Namen „Vocalissimo." Weltberühmte Stimmen sollen in der Philharmonie zu Gehör gebracht werden.

Wir haben die skandalumwobene Sopranistin Cathleen Battle, die amerikanische dunkelhäutige kapriziöse Nerventöterin jedes Konzertveranstalters eingeladen. Sie ist nicht nur sehr attraktiv, sondern singt auch hervorragend.

Eine ihrer Geschichten ging kürzlich um die Welt: Von einem Flughafen abgeholt mit Pkw und Fahrer, empfindet Dame Battle es zu heiß im Wagen. Sie ruft ihre Agentin in New York an und weist sie an, den Fahrer telefonisch zu bitten, die Klimaanlage auf Kühlung zu stellen.

Bewaffnet mit weltweit kollegialen guten Wünschen und Ratschlägen, wie zu erwartende Battle-Krisen zu bewältigen seien, hole ich die berühmte Diva eines trüben November-Nachmittags vom Flughafen ab. Ich schaffe es, den Zollbeamten zu überreden, mich zum Kofferausgabeband durchgehen zu lassen, ahnend, dass Dame Battle nicht nur ein Schminkköfferchen mit sich trägt.

Auf der Fahrt nach München lockeres Plaudern. Sie flüstert, um ihre Stimme zu schonen. Ich schwärme vom Hotel Vier Jahreszeiten, wo wir für sie eine Suite zu Sonderkonditionen reserviert haben. Sie habe schon einmal dort residiert, erinnert sie sich. Da kommt die erste, einerseits befürchtete, aber doch unerwartete Planabweichung: Sie habe kürzlich von einem neuen, exquisiten Hotel in München gehört, es hieße Raphael oder so ähnlich (heute Mandarin genannt). Ich lenke beredt ab. Der Kelch scheint vorüber gegangen zu sein.

Vorgewarnt, empfangen uns der Hoteldirektor, sein Assistent und Kofferträger in der Halle. Nach Besichtigung der dritten Suite gibt sich Madam endlich zufrieden und bittet weiterhin um meine Anwesenheit. Sie inspiziert den Salon: Vier üppige Lampen strahlen warmes Licht. *„Sixty Watt only, I'm afraid! Warum lassen sie nicht bitte den Hauselektriker kommen und 120 Watt-Birnen einschrauben?"*

Das geschieht umgehend. Im Bad entdeckt sie Seifen, die ihr zu klein sind. Es werden größere Stücke herbeigeschafft. Ach ja, wie wär's mit dem Hotel Raphael, könnte ich dort nicht einmal anrufen, ob es noch eine Suite gäbe? Mir schwillt der Kamm, und ich erinnere mich eines amerikanischen Fluchs, den ich aber für mich behalte.

Ich lasse sie weiter in der Suite herumgehen und telefoniere tatsächlich mit einem Stoßgebet, man möge mir mit einem *„Bedaure, ausgebucht!"* antworten. Ist es aber leider nicht, doch die freie Suite ist dreimal so teuer.

Inzwischen hat Cathleen etwas Wichtiges entdeckt, das üppige Kingsize-Bett im Schlafraum. Bei dessen

Anblick scheint sie Raphael vergessen zu haben und meint, wir sollten das Bett ob seiner Matratzen-Beschaffenheit einmal prüfen. Ein erfahrener Konzertveranstalter geniert sich nicht und schreitet zur Tat. Und so prüfen wir gemeinsam das Lager und die Beschaffenheit der Matratze, wobei sie feststellt, dass die Überdecken nicht nach ihrer Manier eingeschlagen seien. Zwei dienstbare, aber etwas unbeholfene, weil weder des Deutschen noch des Englischen mächtige Zimmermädchen werden herbeigerufen und von mir angewiesen, die Überdecken wunschgemäß nur lose zu drapieren.

Nachdem auch ein zweiter Luftbefeuchter herbeigeschafft worden ist, verspürt Dame Battle Hunger. Eine gute Stunde ist seit Hotel-Anfahrt vergangen. Ich schlage ihr drei Alternativen vor: Das Walterspiel im Hotel, Chesa Ruegg und Café Roma in der unmittelbaren Nachbarschaft. Ich mach's kurz: Erst das Café Roma behagt ihr, obwohl der arme Kellner nach den ersten Bissen angefaucht wird, die bestellte Tomatensauce enthielte zu viel Öl, und sie hätte doch ausdrücklich kein Öl gewünscht...

Cathleen wird, und diese Episode war mir bereits bekannt, am nächsten Morgen nicht etwa durch den eigenen Wecker, einen Anruf seitens des Hotels oder gar durch uns geweckt. Nein, dies hatte auf vorherige Anweisung hin eigens seitens ihrer Agentin telefonisch aus New York (dort also Ortszeit 4 Uhr morgens) zu geschehen. Und die angesetzte Probe an diesem Vormittag musste wegen Madames angeblicher Unpässlichkeit auf den Nachmittag verschoben werden, was nur möglich war, weil es uns nach Mühen gelang, das BR-Orchester zu bewegen, die in der Philharmonie für diesen Termin angesetzte Probe zu verschieben.

Dame Battle sang bezaubernd in atemberaubenden, vor und nach der Pause farblich unterschiedlichen Roben. Nach drei Tagen ihrer Anwesenheit meint Kollege Schessl entnervt: *„Diese Diva werden wir nie mehr engagieren!".*

Ich geb's zu: Mir hat die Herausforderung irgendwie Spaß gemacht… nachträglich besehen. Ich habe mich damals gefragt, woran es gelegen haben mag, dass sie derartige Allüren hatte. Möglich, dass sie schon seit ihrer Kindheit als „African American" in ihren persönlichen Erfahrungen mit uns „Weißen" ein Gefühl der Revanche in sich trug. Jedenfalls deutete mir dies ihre Managerin einmal an:

„Often, the 'Whites' think they are superior to colored people! You know the history of segregation in the U.S., don't you?"

NOCH EIN VOCALISSIMO-ABENTEUER

Schessl und ich haben Júlia Várady als Sopranistin für das Verdi-Requiem mit der Klang-Verwaltung Neubeuren unter der Leitung von Enoch zu Guttenberg verpflichtet.

Am Tage des Konzerts ruft sie uns morgens aus Stockholm an und sagt, sie müsse wohl wegen Unpässlichkeit absagen.

Für uns ist diese Nachricht ein Desaster, denn so kurzfristig ist kein Ersatz zu finden. Wir überreden sie, es doch mit unserem „Wunderdoktor", Herrn Internisten Dr. med. R. zu versuchen, der zufälligerweise wie sie am Starnberger See wohne und nach ihr schauen könne.

Ich hole Frau Várady vom Münchner Flughafen mittags ab und bringe sie in das Haus ihres Ehemannes Dietrich Fischer-Dieskau. Nachmittags kommen mein Vetter R. und ich zu ihr zurück. Er verschwindet in ihr Schlafzimmer, um nach dem Rechten zu sehen, ich bewundere derweil die vielen Bilder des Hausherrn und anderer Künstler, darunter ein herrliches Werk von Claude Monet.

Herr Doktor hat offensichtlich ganze Arbeit geleistet, denn Frau Várady tritt abends in der Philharmonie auf.

SPHÄREN-KLÄNGE IN PARIS

Meine Frau und ich verbringen mit französischen Freunden Weihnachten 1991 in Paris. Wir besuchen gemeinsam die Mitternachtsmesse in der Kirche La Sainte Trinité, denn einer der die Messe zelebrierenden katholischen Priester ist der Oncle Eve unserer Freundin.

Wir betreten das große Kirchenschiff. Oben von der mächtigen Orgel-Empore her klingen wie ein gewebter, offensichtlich improvisierter, zeitgenössisch anmutender Klangteppich zarte, geheimnisvoll kosmische, sphärenferne Töne, wie ich sie in dieser Art so schön noch nie gehört habe.

Und die Improvisationen folgen immer wieder beispielsweise eingestreut vor den priesterlichen eucharistischen Vorbereitungen und nach der Kommunion. Nach der Messe frage ich Oncle Eve nach dem Organisten. *„Das ist Olivier Messiaen! Er ist schon seit Jahrzehnte unser Hausorganist."* antwortet er. *"Wollen Sie ihn gleich kennen lernen?"*

Oben auf der Empore angekommen, begrüßt uns der kleine, wache, gütig dreinschauende berühmte Meister seines Fachs. Neben ihm steht seine zierliche Frau, die bekannte Pianistin Yvonne Loriod. Ich frage ihn, ob er schon von unserer Klais-Orgel in der Gasteig-Philharmonie gehört habe. *„Mais bien sûr! Ich war bereits einmal in München in einem Konzert meines alten Freundes Celibidache. Aber gespielt habe ich an Ihrer Orgel noch nicht!"*

Spontan lade ich Messiaen zu einem Konzert zu uns ein und verspreche ihm, mich alsbald wieder bei ihm zu melden. Er konnte seine Zusage nichtmehr in die Tat umsetzen, denn er starb im April des folgenden Jahres.

Nachtrag:

Leider sind Messiaens Improvisationen meines Wissens nie auf Tonträgern festgehalten worden. Aber man kann sie nachempfinden beispielsweise in „Les Eaux de la Grâce", also in dem zweiten Satz seines bekannten Orgelwerks „Les Corps Glorieux".

FEUERVOGEL

Irgendwann höre ich den Namen Simon Rattle, damals noch GMD des englischen Provinz-Orchesters der Stadt Birmingham und noch nicht mit dem Sir-Titel geadelt.

Ich will ihn zu uns mit seinem Orchester einladen. Denn Rattle wurde in Fachkreisen bereits als zukünftiger Dirigenten-Star gehandelt. Münchens Konzertveranstalter scheuten zu dieser Zeit noch das Risiko, ihn und sein Orchester nach München einzuladen.

Also flog ich nach Birmingham, hatte vorher mit seinem Agenten erfolgreich verhandelt und lud den SZ-Feuilletonisten Dr. Albrecht Röseler für ein Exklusiv-Interview mit Rattle ein, der dann auch einen vorzüglichen Vorbericht schrieb.

In Birmingham probte Rattle vormittags mit seinem Orchester in Gegenwart von Schulklassen. Ich werde nie vergessen, wie er musikalisch und verbal dem aufmerksam lauschenden jungen Publikum Strawinskis „Feuervogel" präsentierte. Dabei kehrte er, fortwährend dirigierend, seinem Orchester den Rücken zu und rief in das Auditorium: *„Now listen to the melody of the flames, out of which the firebird rises into the air, you can virtually see the firebird, don't you?"*

Das war faszinierend und ließ ahnen, welch pädagogisches Talent für musikalische Jugenderziehung in ihm steckte, was sich viele Jahre später u.a. in seiner

Erfolgsgeschichte mit „Rhythm is it" in Berlin erneut eindrucksvoll zeigen sollte.

Das Konzert im Gasteig war trotz guter Vorwerbung jedenfalls finanziell kein Erfolg. Die Philharmonie war nur zur Hälfte verkauft. Glücklicherweise konnte ich das entstandene Defizit mit einer anderen, sehr erfolgreich gelaufenen Veranstaltung mit den japanischen „KODO-Trommlern" noch im selben Jahr ausgleichen.

Nach dem Konzert luden meine Frau und ich Simon Rattle und einige Auserwählte zum Abendessen ins Hotel Vier Jahreszeiten. Sein damaliger jugendlicher Charme war betörend. Die ihm später seit seiner Berliner Zeit nachgesagte Arroganz war jedenfalls an jenem Abend nicht zu spüren. Wenn er heute öffentlich erklärt, die Gasteig-Philharmonie-Akustik sei desaströs, erinnere ich mich sehr gut an sein damals sicher nicht aus Höflichkeit geäußertes spontanes Lob für die gute Akustik unseres Saales, ein Lob, das später noch oft von anderen Gastdirigenten ausgesprochen wurde. Tempora mutantur...

Zwei Jahre später lud der Münchner Konzertveranstalter Hörtnagel den Maestro ein. Meine Vorarbeit hatte sich für unseren Kollegen gelohnt: Der Saal war ausverkauft. Wiederum Jahre später, unmittelbar nach dem Tode Celibidaches, erhielt ich vom Orchestervorstand der Münchner Philharmoniker den vertraulichen Auftrag, Simon Rattle anlässlich der Überreichung eines Ehrenpreises der International Society for Performing Arts, in deren Vorstand ich wirkte, zu kontaktieren, ob er bereit sei, der Einladung als GMD der Münchner Philharmoniker zu folgen. Rattle hatte zu dieser Zeit eine neue Liebe in Los Angeles gefunden. Er meinte, ein Jahr „Auszeit" in den USA würde er nach Ende seiner Birmingham-Zeit dem ehrenhaften Münchner Angebot vorziehen.

Mir scheint jedoch, dass Rattle schon damals ahnte oder hoffte, dass ein Ruf der Berliner Philharmoniker nach dem bevorstehenden Ausscheiden Abbados die Krönung seiner Laufbahn bedeuten könnte.

Ob Sir Simon Rattle das Angebot annimmt,
GMD der Münchner Philharmoniker zu werden?

SPONSORING
ODER DER TEUFEL SCHEISST IMMER AUF
DEN GRÖSSTEN HAUFEN

Ein Kultur- oder Musikveranstalter, der ohne staatliche oder kommunale Unterstützung leben muss, sucht im Zweifel nach privaten Finanzierungs-Hilfsquellen. Das war noch nie ein leichtes Unterfangen und ist seit der letzten Weltwirtschaftskrise noch schwieriger geworden. Zwar weist man gerne auf die gesellschaftliche Verantwortung, auf die so genannte Corporate Social Responsibiliy (CSR) hin, die ein Wirtschaftsunternehmen neben allem bürgerschaftlichen Engagement eingehen müsse, doch in der rauen Wirklichkeit sieht dieses Engagement (auf Kunst und Kultur fallen an dritter Stelle rund 18%, nach weitaus höheren Anteilen für Gesellschaft und Soziales sowie für die Umwelt) mit rund 500 Mio. Euro p.a. gegenüber 8 Mrd. Euro staatlicher Kulturförderung recht bescheiden aus.

Ich vermute, dass der Appell an gesellschaftliche Verantwortung hierzulande – im Gegensatz zu Amerika – noch wenig Echo findet. Nicht zu Unrecht weisen Wirtschaftsunternehmen auf die Verfolgung ihrer jeweiligen „Kernkompetenz" hin sowie auf die Tatsache, dass sie ja schon von Haus aus Steuern für das Allgemeinwohl aufbringen müssten.

Wenn Unternehmen dennoch freiwillige Aufwendungen (gleichgültig ob diese steuerlich absetzbar sind oder nicht) für ihre Image-Pflege und für das lokale

Gemeinwohl leisten, werden diese sehr selektiv auf das eigene Unternehmensprofil abgestimmt.

Diese ernst zu nehmenden Abwehr-Argumente im Kopf, habe ich mich dennoch Jahrzehnte lang im Klinkenputzen geübt und bis heute so manchen Wirtschafts-Manager für meine, unsere Kulturprojekte gewinnen können. Denn nicht als Bettler will ich verstanden werden, sondern als Partner mit Augenmaß und mit konkreten Gegenleistungen, die ich dem Wirtschaftsunternehmen offeriere.

Also mache ich mich wieder einmal auf den Weg. Der Vorstandsvorsitzende eines erfolgreichen Weltunternehmens in Sachen Flüssiggas-Herstellung, den ich sporadisch vor Jahren einmal kennen gelernt hatte, gewährt mir einen Gesprächstermin. Ich bin auf der Suche nach Sponsor-Mitteln für die hervorragende Kammeroper München, die in unserem Kammermusikfest „Nymphenburger Sommer" pro Produktion rund fünfzig Tausend Euro benötigt, abgesehen von den Gagen pro Veranstaltung, die wir als Veranstalter durch Kartenerlöse zu erwirtschaften hoffen.

Zwar vermute ich, dass der große Vorsitzende keine besonderen kulturellen Interessen hat. Mir ist jedoch bekannt, dass sein Unternehmen der Bayerischen Staatsoper für eine Produktion so mal eben eine Million Euro zur Verfügung gestellt hat. Also schreckt es mich nicht, „nur" fünfzig Tausend für eine wirklich förderungswürdige Sache zu erbitten. Denn sein Unternehmen würde doch damit eine bemerkenswerte, medienwirksame Brücke zwischen etablierter Opern-

Hochkultur und förderungswürdiger, experimentier-
freudiger Nachwuchsbühne schlagen.

Der große Vorsitzende bedauert, leider nicht helfen
zu können, da just kurz vor meinem Besuch – welch'
eine Koinzidenz! – Maestro Kent Nagano virtuell vor
ihm auf Knien gelegen hätte und ihn erneut für eine
sehr wichtige Opernproduktion um eine weitere Mil-
lion angefleht habe. Da habe er nicht nein sagen kön-
nen, versteht sich.

Ich verstehe natürlich und unterdrücke den Hinweis
auf den berühmten Teufel (wobei ich natürlich nicht
meinen Gesprächspartner, sondern nur die Konstel-
lation meine).

Glücklicherweise endet nicht jeder meiner derartigen
Besuche mit diesem erhellenden Ergebnis.

ECHTERNACHTER SPRINGPROZESSION UND SPONTAN-HILFE

Von dem mir persönlich bekannten Zeitungsverleger Dr. Dirk Ippen erhoffe ich mir Sponsoren- oder Spendenhilfe für die Kammeroper München. Ich schildere ihm mein Engagement, dieses förderungswürdige Ensemble im Rahmen unseres „Nymphenburger Sommers" mit mehreren Aufführungen und entsprechenden Gagenzahlungen über Wasser zu halten, bei vollem Risiko unsererseits, in der Hoffnung, dass auch genügend Publikum unsere Karten kauft. Aber für die Produktionskosten fehlten heuer noch zehntausend Euro, sage ich und schaue ihn erwartungsvoll an, damit er sein Portemonnaie öffnen möge.

Darauf mein Verlegerfreund: *„Lieber Eckard, Du weißt, dass ich völlig unmusikalisch bin. Wärest Du gekommen mit dem Förderwunsch für ein junges Theater-Ensemble, Du hättest von mir Zehntausend bekommen. Daher gebe ich Euch nur Fünftausend!"*

Mit herzlichem Dank und der Zusage, ihm eine Zuwendungsbescheinigung zukommen zu lassen (was ihm immerhin einen Tausender an Steuern ersparen dürfte), denke ich im Stillen an die Echternacher Springprozession: „Zwei Schritte vor, einen zurück!"

Nachtrag: Wie so oft in meinem Leben, haben die Frauen auf meinen Wegen eine wichtige Rolle gespielt. So bin ich der charmanten und in vielerlei Hinsicht sozial ungemein engagierten Ehefrau unseres Zeitungsverlegers, Marlene Ippen, als „fellow" der gemeinsamen Erfahrungen im AFS-USA-Schüleraustausch begegnet, die mir dann auch die Tür zu ihrem Ehemann geöffnet hat.

Ein Lehrgang-Wochenende im Rahmen meines Kulturmanagement-Fortbildungs-Angebots ist dem Thema „Management von Museen und Kunstgalerien" gewidmet.

Der weltbekannte Kunsthändler und Galerist Konrad Bernheimer hat sich u.a. bereit erklärt, einen Vortrag vor etwa 20 Teilnehmern dieses Kurses in seiner eleganten Galerie zum Thema „Einblicke in das Geschäft eines Kunsthändlers" zu halten. Er nimmt dafür kein Honorar.

Ich erzähle ihm beiläufig, dass im Gegensatz zu den bisherigen Lehrgängen in diesem Fall nicht genügend Anmeldungen eingegangen seien – inzidenter also eine kleine Kosten-Unterdeckung entstanden sei. Nach dem Vortrag lädt er die Gäste zu einem Umtrunk ein. Er nimmt mich zur Seite und flüstert mir ins Ohr: *„Ich habe soeben einen erfreulichen Anruf aus New York erhalten, dass ein von mir angebotener Breughel verkauft worden ist! Du sollst heute an meinem Erfolg teilhaben! Ich spende Dir 3.000 Euro!"*

GEMA-Pipeline

Musikveranstalter, insbesondere die privaten, scheuen den Wunsch ihrer Künstler, zeitgenössische Kompositionen zu Gehör bringen zu wollen, wie der Teufel das Weihwasser. Und das ist eigentlich schade, denn warum soll unser Konzertpublikum nicht auch zunehmend neue Musik kennen- und schätzen lernen?

Der Grund: Es gibt seit über hundert Jahren eine Institution, die die Nutzungsrechte an dem Urheberrecht von Komponisten, Textdichtern und Verlegern verwaltet und bei öffentlicher Wiedergabe hierfür „Tantiemen" eintreibt. Diese Rechte erlöschen siebzig Jahre nach Ableben des Komponisten. Diese staatlicherseits sanktionierte Institution heißt abgekürzt GEMA (Gesellschaft für musikalische Aufführungs- und mechanische Vervielfältigungsrechte), mit Sitz in Berlin und München. Und sie hat ein ausgeklügeltes System entwickelt, wie sie den Musikveranstaltern, aber auch Kneipenbesitzern und Kaufhäusern mit Musikberieselung für jedermann ein Nutzungsentgelt aus der Tasche zieht. Begründung: Die Komponisten müssten ja schließlich auch von etwas leben. Wenn ich beispielsweise eine Komposition von Rachmaninow (18731943) auf das Programm setze, dann werde ich von der GEMA heute, in 2012, noch gerade zur Kasse gebeten, weil die Siebzig-Jahresfrist erst 2013 abläuft. Die Erben von Richard Strauss, letzterer gestorben 1949, können sich noch bis zum Jahre 2019 an dem üppigen, von der GEMA einkassierten Geldsegen erfreuen. Und Wolfgang Riehm beispielsweise, geboren 1952, lebt ja noch, und für seine aufgeführten Werke werden die Veranstalter folglich noch X plus siebzig Jahre zahlen müssen. Raffiniert sind die Koordinaten der Gebührentabellen: Gezahlt werden muss u.a. nach Anzahl der geschützten Werke pro Konzert und nach (unterstellter) voller Saalauslastung, gleichgültig, ob 1.000 oder nur 100 Zuhörer anwesend waren, sowie unter Zugrundelegung der höchsten Kartenpreiskategorie, gleichgültig, wie viele Minderpreis-Klassen und Ermäßigungen ich in den Verkauf gegeben habe. Ich füge allerdings hinzu: Es gibt versteckte Ausnahme-Regelungen, Pauschal-Verträge, Härtefälle-Ermäßigungen, die das Musikveranstalter-Leben mit der GEMA erträglicher machen.

Als Gasteig-Geschäftsführer habe ich unseren unmittelbaren Nachbarn GEMA mit Sitz neben dem Hotel City Hilton scherzhaft oft gesagt, sie hätten eine unsichtbare, nur wenige Meter lange, Pipeline in unsere Philharmonie legen lassen, mittels derer sie uns die Gelder absaugen würden, ohne dass wir uns dagegen wehren oder den Geldstrom-Empfänger täuschen oder hintergehen könnten.

Denn abgesehen von der Printwerbung, die die GEMA kontrolliert, gibt es gerüchteweise ungezählte GEMA-Rentner-Spitzel, die in den Konzerten sitzen und gesichtete, bzw. gehörte Werke an ihren Auftraggeber melden.

Der Leser möge daher so manchem privaten Konzert-
veranstalter, also auch uns als dem Veranstalter des
Kammermusikfests „Nymphenburger Sommer"
nachsehen, dass wir uns aus den oben genannten
finanziellen Gründen in der Programmwahl mit zeit-
genössischen Werken zurückhalten.

KANTINENKOST

Fast täglich besuche ich mittags die Gasteig-Betriebskantine. Es gibt zwei Essen zur Auswahl mit Vorspeise, Hauptgericht und Nachtisch für drei Mark fünfzig. Die Stadt München bezuschusst jedes Gericht mit zwei Mark. Das Preis-Leistungsverhältnis ist nach meinem Urteil passabel.

Heute gibt's Rindersteak. Plötzlich: Das Geschirrklappern und Gesprächsgemurmel wird jäh unterbrochen. Quer durch den Kantinenraum marschiert unser schmalbrüstiger, bleichgesichtiger Klima-Techniker und engagierter Betriebsratsvorsitzender, eine Gabel mit aufgespießtem Steak in die Höhe streckend: *„Ich protestiere!"* ruft er laut. *„So ein Fleisch, hart wie eine Schuhsohle! Hunde würden es nicht fressen!"*

Nach einigen Wochen Betriebsversammlung.

Ich habe die Geschichte nicht vergessen, rufe den Hunger der Welt ins Gedächtnis und erwähne meine Hungerjahre als Flüchtlingsjunge nach dem Krieg: Steckrübensuppe jeden zweiten Tag, gewürzt mit Löwenzahn und Brennnesseln vom Wegesrand. Ich ernte abfällige Kommentare: Wir lebten doch heute und hier! Wer gut arbeite, dürfe verdammt noch mal auch gutes Essen erwarten und so weiter und so weiter. Ich resigniere innerlich mit einem Achselzucken.

FRINGE BENEFITS

Ich gebe gerne zu, dass mir der Gasteig-Job Begegnungen ermöglicht hat, ohne die ich bestimmte Welten nicht hätte kennen lernen können. Derartiges nennt man auf Englisch „fringe benefits", also zusätzliche Nutzen.

Wolfgang Wagner beispielsweise kam gelegentlich zu Konzerten in die Philharmonie. Ob er dafür Eintrittskarten erwerben musste, kann ich nicht sagen. Ohne ihn jedenfalls wären meine Frau und ich gewiss nicht mehrfach in den Genuss der Bayreuther Festspiele gekommen, wenn auch stets mit regulär bezahlten Karten.

Hubertus Franzen, ehemaliger Intendant der Münchner Philharmoniker und anschließend beim MDR, hat aus Anlass des 15. Jahrestages der Papstwahl S.H. Johannes Paul II und des 70. Todestages der hl. Hedwig ein Konzert mit dem Chor und dem Sinfonieorchester des Mitteldeutschen Rundfunks in Rom organisiert. Er lädt meine Frau und mich ein, an diesem Konzert in der Aula Paul VI, der Nervi-Halle, als Ehrengäste teilzunehmen.

In der riesigen, bereits bis auf den letzten Platz besetzten Konzert- und Audienzhalle neben dem Petersdom werden wir in die erste Reihe des hinteren rechten Zuhörerblocks geführt, unweit der Mitte des Saales, dessen Hauptgänge sich dort kreuzen. Die in Purpur gekleideten Kardinäle sitzen vorne in den ersten Reihen. Ob der Papst auch dort Platz nehmen wird? Kurz vor Konzertbeginn schreitet Karol Wojtyla, begleitet von seinem persönlichen Sekretär, den Mittelgang bis zu eben dieser „Kreuzung", und nimmt dort, nur wenige Meter von uns entfernt, auf einem ornamentreichen, holzgeschnitzten Sessel Platz.

S.H. Papst Johannes Paul II erinnert sich an München.

Zur Aufführung gelangen Werke von Gounod, Beethoven und das „Stabat Mater" von Penderecki sowie das „Te Deum" von Bruckner. Nach Ende des Konzerts erhebt sich der Papst und beginnt, die Ehrengäste in unserer Reihe einen nach dem anderen persönlich zu begrüßen, so auch uns. Beim Händedruck stelle ich mich ihm vor mit den Worten: *„Veniamo da Monaco!"*

Darauf wiederholt der Heilige Vater auf Deutsch in freundlich-singendem Ton: „Aus München!" Das waren bis heute die einzigen Worte, die uns – zumal protestantischen „Ketzern" – aus päpstlichem Munde gewidmet worden sind. Wir werden sie nie vergessen.

Die Münchner Freunde und Verehrer des Dalai Lama haben ihn in den Carl-Orff-Saal im Gasteig eingeladen. Mit seiner Ausstrahlung gewinnt er alle Menschen, die ihm an diesem Tag begegnen.

„Välkommen Sverige till Gasteig". Mein erster Auslandsbesuch zu Verwandten führte mich als Teenager nach Stockholm. Seither ist mir Schweden stets in guter Erinnerung geblieben, und ich habe das schöne Land seither mehrfach besucht, so auch wieder, um eine schwedische Kulturwoche im Gasteig vorzubereiten. Klassische und zeitgenössische Musik sowie Jazz haben unser Publikum begeistert.

Eines Tages erhalte ich eine Einladung aus Stockholm. Meine Frau und ich werden zur Verleihung des Nobel-Literaturpreises an den japanischen Schriftsteller und Lyriker Kenzaburo Oe eingeladen. Die Tage im Dezember-Winter in Stockholm, das Abendessen in kleinem Kreise mit dem Preisträger und anderen Honoratioren in der Akademie, am Tage darauf die feierliche Zeremonie der Preisverleihung im Rathaus bleiben in guter Erinnerung.

Meine regelmäßigen Begegnungen mit Herzog Franz von Bayern, dem Familienoberhaupt des Hauses Wittelsbach, sind stets beeindruckend. Ich erinnere mich in Dankbarkeit, dass er schon in den ersten Jahren meiner Tätigkeit im Gasteig uns für eine große, spektakuläre Eigenveranstaltung in der Philharmonie eine Höchstbetrags-Ausfallbürgschaft zusicherte für den Fall, dass wir einen Verlust erleiden würden (der dann aber nicht eintrat). Er war und ist mir stets ein liebenswürdiger, dezent unterstützender Ratgeber und Gesprächspartner für so manche Projekte gewesen, die ich für das Wiederaufleben einer niveauvollen Musikkultur im Schloss Nymphenburg auf den Weg bringen wollte. Dazu gehörten Verbindungen zu einem besonderen Besucherkreis, der sich vornehmlich für die Kammeroper München, einem mehrjährigen Bestandteil unseres Kammermusikfests „Nymphenburger Sommer", engagiert hat. Oder er verschaffte mir Zugang zum Geheimen Bayerischen Staatsarchiv, worin meine Frau und ich Briefe der Wittelsbacher auswerten durften, vornehmlich in französischer Sprache geschriebene Korrespondenz von Kurfürst Max III. Joseph, dem engagierten Kulturförderer seiner Zeit und u.a. Erbauer des Hubertussaals und des Münchener Cuvilliés-Theaters. Denn ich verwendete daraus Passagen für ein von mir verfasstes bühnengeeignetes Zeitportrait für einen Gala-Abend mit musikalischem Rahmen aus Anlass des 250-jährigen Bestehens dieses Saales (November 2007).

Dalai Lama freut sich über einen Empfang im Gasteig.

FREMDWORT „ALTENTEIL"

Für den Zeitpunkt meiner Pensionierung bot mein Gasteig-Vertrag mit der Stadt zwei Alternativen zu gleichen Konditionen: Ruhestand mit Dreiundsechzig im Dezember 1998 oder mit Fünfundsechzig im Dezember 2000.

Schon seit einigen Jahren zuvor trug ich mich mit dem Gedanken, eine Fortbildungsstätte für Kulturmanager aufzubauen. Fast alle Bundesländer, außer Bayern, hatten in den vergangenen Jahren für dieses Fachgebiet Aufbau- oder Fortbildungs-Studiengänge an Universitäten oder Musikhochschulen eingerichtet. Als Gastdozent an der Hochschule in Bremen und der Hanns-Eisler-Musikhochschule Berlin begegnete mir das große Interesse junger Menschen, den Berufsweg als Kulturmanager einzuschlagen. Meine jahrelangen Bemühungen, nacheinander drei Präsidenten der Hochschule für Musik und Theater München und drei Minister des hierfür zuständigen bayerischen Staatsministeriums für Wissenschaft, Kultus und Kunst von meinem Vorschlag zu überzeugen, einen entsprechenden Studiengang zu schaffen (notabene: Bayerische Verfassung Artikel 3: "Bayern ist ein Kulturstaat"), fruchteten erst, nachdem die Hochschule für Musik und Theater mit dem Richard-Strauss-Konservatorium am Gasteig 2009 fusionierte und dadurch eine besoldete Professorenstelle für Kulturmanagement frei wurde.

Um bis dahin diese Lücke zu schließen, entschloss ich mich, den früheren Kündigungstermin 1998 zu nutzen, um nach meiner Gasteig-Zeit in Privatinitiative zusammen mit meiner Frau als Mitgesellschafterin ein Institut für Internationales Kulturmanagement (INK) in der Rechtsform einer GmbH zu gründen. Um das notwendige Betriebskapital zu beschaffen, rief ich eine so genannte nicht-rechtsfähige Stiftung gleichen Namens ins Leben, deren Vorteil neben allen Vorzügen und Rechten einer rechtsfähigen Stiftung es war, ein Stiftungskapital von „nur" DM 5.000 aufbringen zu müssen. Für eine rechtsfähige wären mindestens DM 100.000 notwendig gewesen. Mit dieser Stiftung gelang es mir, viele „Durchlauf-Spenden" für mein Institut zu gewinnen. Der einzige Nachteil bestand in der Pflicht, einen externen sogenannten „Träger" der Stiftung gegen Honorar zu bestellen, der u.a. für die ordnungsmäßige Bilanzierung zu sorgen hatte.

Als so genanntes „An"-Institut an der Hochschule für Musik und Theater München organisierte ich daraufhin Wochenend-Seminare für bereits im Beruf stehende Kulturmanager und Abendvorlesungen für Hochschul-Studenten. Ich lud führende, bekannte Kollegen unserer Zunft als Lektoren gegen Honorar und Übernahme der Flug- und Hotelkosten ein und verlangte von den Teilnehmern Seminar„gebühren", in der Hoffnung, es würden genügend Anmeldungen einlaufen, um den nicht unerheblichen Aufwand zu decken. Ich erwähne in diesem Zusammenhang gerne einige Persönlichkeiten, die offensichtlich von meinen Plänen angetan waren und die mir mit ihren

Spenden an die Stiftung die notwendige Vorfinanzierung dieses risikobehafteten Unternehmens ermöglicht haben: u.a. Roland Berger, Hans Holzmüller, Eberhard von Kuenheim (Sachspende eines neuen BMW-3er) und Adolf Kracht im Namen der Wilhelm Finck Stiftung.

Sowohl die Wochenend-Seminare als auch meine Ringvorlesungen, bereichert durch Vorträge von international bekannten Fachleuten verschiedener Kultursparten, hatten eine positive Resonanz. Mein Einsatz zahlte sich aus: Das Aufbaustudium mit Master-Abschluss an der Hochschule für Musik und Theater München startete schließlich 2010 auf Anhieb mit Bravour unter der hervorragenden Leitung des von mir favorisierten und dem Hochschul-Auswahlgremium vorgeschlagenen Maurice Lausberg, nunmehr dort Professor für Kultur- und Musikmanagement.

ELBPHILHARMONIE
UND PFEFFERSÄCKE

Beratungen gehören zum Angebot meines Instituts. Aus dem Büro der Hamburger Kultursenatorin Karin von Welck erreicht mich die Bitte, ich möge als ihr „stiller Berater" die vom Consulting Unternehmen Roland Berger erstellte „Machbarkeitsstudie mit integriertem Nutzungskonzept" zum Betrieb der geplanten Elbphilharmonie kritisch durchleuchten. Ich nehme den Auftrag mit Freude an.

Frühjahr 2005. Erstbesuch der zukünftigen Baustelle. Noch steht der ehemalige große Backsteinspeicher, auf dessen Flachdach einmal die kühne Philharmonie-Architektur von Herzog & de Meuron als neues Wahrzeichen der Hansestadt mit Eröffnung in der Saison 2009/10 entstehen soll, in einer unwirtlich tristen, unerschlossenen Hafenmeile. Ich stelle mir vor: Von der Landseite her öffnet sich der große Eingang, und die Konzertbesucher werden auf Rolltreppen 35 Meter hinauf in die Foyer-Ebene des dann nochmals um die gleiche Höhe aufstrebenden Konzertsaales befördert. Mich bangt es bei dem Gedanken, wenn aus irgendeinem Grunde eine halbe Stunde vor Konzertbeginn die Rolltreppen versagen. Denn Personenaufzüge sind nicht geplant. Der Intendant der Elbphilharmonie wird für diesen Fall allen Besucherinnen leichte Turnschuhe zur Verfügung stellen müssen, damit sie sich vor dem Treppen-Steigen ihrer High Heels entledigen können.

Die verkehrstechnische Erschließung erscheint mir mangelhaft: Noch sind weder eine Haltestelle öffentlicher Verkehrsmittel oder ausreichende PKW-Stellplätze für Besucher geplant. Die Taxi-Unternehmer dürften sich – insbesondere bei Regen – auf ein gutes Geschäft freuen.

Roland Berger hat die jährlichen Betriebskosten für dieses Haus und die Laeiszhalle auf 3.6 Mio. Euro hochgerechnet. Ich hingegen komme auf 7 bis 8 Mio. Euro und notiere in meiner Analyse eine Reihe von Fragezeichen zum R-B-Gutachten, das nach meinem Eindruck von jungen, sicher intelligenten Unternehmensberatern, vermutlich aber ohne eigene Erfahrungen unserer Branche angefertigt worden ist. Inzwischen wurde mir bestätigt, dass meine Schätzung schon seit Jahren Wirklichkeit geworden sei.

Meine Gesprächspartnerin, Frau von Welck, ist von meinen Erläuterungen offensichtlich angetan. Aber: *„Lieber Herr Heintz, Sie wissen doch aus Erfahrung, wie es in der Politik zugeht. Hätten wir Sie als Gutachter beauftragt und ihre kritischen Statements und Berechnungen unserem Senat vorgelegt, dann wäre unser kühnes Projekt niemals genehmigt worden. Roland Berger hat einen guten, international bekannten Namen, Sie hingegen sind hier jedenfalls unbekannt..."*

Seither sind bis heute (2017) zwölf Jahre vergangen. Die Baukosten sind von ursprünglich geplanter 75 Millionen auf inzwischen geschätzte 789 Millionen Euro angewachsen. Darin nicht enthalten sind nach

Auskunft der Hamburger Kulturbehörde der aufgelaufene Werbungsaufwand und die Personalkosten für Intendanz und Mitarbeiter, die eigens schon seit elf Jahren für die Elbphilharmonie tätig sind. Bis zur derzeit angenommenen Eröffnung Anfang 2017 dürften daher die Gesamtkosten – wenn auch nicht nur für die Fertigstellung der Philharmonie, sondern auch für das im Speicher entstehende Hotel und die Luxus-Wohnungen – auf knapp eine Milliarde Euro (abzüglich 67 Mio. Euro Privatspenden!) anwachsen. Das wäre für ein Konzerthaus plus X ein weltweit einsamer Rekord. Aber auch er wird im Hinblick auf die spektakuläre Architektur, den Standort und die zu erhoffende hervorragende Akustik alsbald vergessen werden.

Ich erinnere mich in diesem Zusammenhang an die Baugeschichte des gesamten Gasteig-Komplexes, also inklusive Philharmonie: Ursprünglich geplant mit (umgerechnet) Euro 60 Millionen, dann nach Fertigstellung abgerechnet mit Euro 162 Millionen. Die Philharmonie alleine, also ohne die anderen Gebäudeteile, hätte damals vermutlich für nur rd. 40 bis 50 Mio. Euro gebaut werden können.

Trotz allem: Ich wünsche der stolzen Stadt der „Pfeffersäcke", dass deren Musik liebendes Publikum auch die Elbphilharmonie – neben der ehrwürdigen, seit Brahms-Zeiten bestehenden Laeiszhalle – annehmen, besuchen und lieben möge, damit an beiden Abendkassen weithin leuchtend häufig zu lesen sein wird: *"Konzert ausverkauft!"* Denn dann wird sich

zumindest die Deckungslücke der Betriebskosten ver-
ringern.

Das Austragshäusl

In der Pause eines Konzerts des Symphonieorchesters des Bayerischen Rundfunks begegne ich dem mir schon seit geraumer Zeit persönlich bekannten kunstsinnigen Bayerischen Staatsminister für Finanzen, Prof. Kurt Faltlhauser, von dem man weiß, wie engagiert er sich für die bayerischen Kulturstätten einsetzt. Er erzählt mir von seinem lang gehegten Plan, alsbald den Hubertussaal im Schloss Nymphenburg von Grund auf renovieren zu lassen.

Ich empfehle: *„Herr Minister, da passen Sie bitte gut auf, dass Ihre Architekten nicht vergessen, die Saaltüren nach den einschlägigen gesetzlichen Vorschriften zu ändern, damit Ihnen nicht das gleiche Malheur passiert wie im Gasteig!"* (Die Haupttür im Kleinen Konzertsaal des Gasteig war um wenige Zentimeter zu eng geraten, um einen Konzertflügel in den Saal auf drei Beinen „normal" hinein schieben zu können.)

Herr Staatsminister darauf: *„Sie sind mein Mann. Wollen Sie die Bauplanung und Durchführung begleiten und eine Nutzungsstudie für unseren Saal anfertigen?"* Ich erhalte den Auftrag.

Duplizität der Fälle: Mein Hinweis, die historischen Türen des zu renovierenden Hubertussaals seien nach der Veranstaltungsstätten-Verordnung um 40 cm zu eng, stößt bei den Denkmalschützern auf taube Ohren. Erst nach meinem energischen Hinweis, rund 20 Millionen DM würden in den Sand gesetzt, wenn die Türen den Vorschriften nicht entsprächen, weil dann keinerlei Veranstaltungen im Saal stattfinden dürften und nach der Zusage des Architekten, die neuen Türen würden mit gleichartigen historischen Kassetten-Mustern ausgestattet (wenngleich mit feuerfestem Innenleben), geben die Denkmalshüter ihren Widerstand auf.

Aus der Nutzungsstudie folgt nach einer Ausschreibung ein Vertrag zwischen unserem Institut für Internationales Kulturmanagement (INK) und der Bayerischen Schlösserverwaltung, wonach das INK als „verlängerter Arm" der Behörde das Management dieses Saales und zweier weiterer kleinerer Säle übernehmen wird. Ein wunderbares berufliches „Austragshäusl", wie ich es mir stets gewünscht hatte! Beim Auf- und Ausbau dieser Wirkungsstätte haben mir stets jüngere Mitarbeiter geholfen, – am längsten Andreas Schwankhart, heute Geschäftsführer der „Freunde des Nationaltheaters" – denen ich mit allen mir zur Verfügung stehenden Mitteln das kleine Einmaleins des Kulturmanagements beizubringen versucht habe. Dazu gehörten Instrumente wie Kollegialität, Offenheit, Teamwork und Eigenverantwortung.

Seit nunmehr zehn Jahren erwirtschaftet das INK dem Staat aus der Vermietung der drei Säle jährlich einen Netto-Überschuss von einigen ...zig Tausend Euro. Zudem refinanziert unser kleines Unternehmen auf dem Wege von Mietzahlungen für eigene Veranstaltungen, wie die des „Nymphenburger Sommers" und der von uns akquirierten Kammeroper

München, einen beachtlichen Teil des vom Staat an INK gezahlten Honorars für unsere Dienstleistungen. Mein von mir sehr geschätzter Kollege und Mitarbeiter Malte Jensen und ich sind uns sicher, dass unser flexibler Einsatz während des gesamten Jahres, einschließlich der Abend- und Wochenend-Dienste (uns entlastend auch wahrgenommen von unseren zuverlässigen Herren Roland Riem und Julian Merkle), jedem vergleichbaren staatlich organisierten und personell ausgestatteten Dienstleister – jedenfalls an diesem Ort und in dieser besonderen Konstellation – sowohl fachlich als auch hinsichtlich des wirtschaftlichen Erfolges überlegen ist.

Doch ich schränke abschließend ein: Wir waren und sind trotz aller nachgewiesenen Erfolge in den Augen der staatlichen Verwaltung stets als ein Fremdkörper betrachtet worden. Und das Interesse eines früheren Finanzministers an unserem Privat-Engagement war auf seine Nachfolger nicht vererbungsfähig. Es ist das erklärte Ziel der Schlösserverwaltung, die Verwaltung der Nymphenburger Veranstaltungsräume, so wie alle anderen staatlichen hundert Veranstaltungsorte in Bayern auch, in eigene Regie zu übernehmen.

Anlass zu dieser Wende haben wir insofern gegeben, als wir versuchten, nach acht Jahren unsere seit Beginn unseres Vertragsverhältnisses mit der Schlösserverwaltung ohnehin bescheidenen erfolgsunabhängigen Fix-Honorare den aktuellen Kostenentwicklungen anzupassen. Diese Forderung haben wir nicht durchsetzen können, trotz nachgewiesener zunehmender Mehrarbeit (in den Jahren 2012 und 2013 leisteten wir jeweils 2000 Überstunden, das entsprach der Arbeit eines weiteren vollbeschäftigten Mitarbeiters), sowie Kostensteigerungen und Geldentwertung und trotz begründeter Darlegung, dass wir kostengünstiger, vor allem aber flexibler und effizienter als eine staatliche Verwaltung arbeiten. Die Schlösserverwaltung berief sich auf den Grundsatz, dass einmal geschlossene Verträge mit Dritten nicht zu Lasten des Staates geändert werden dürften.

Daraus folgte, dass wir zunehmend finanziell „ausgehungert" worden sind. Und da wir diesem Zustand ein Ende setzen wollten, kündigte ich für INK den Dienstleistungsvertrag mit der Bayerischen Schlösserverwaltung zum Ende 2013.

Post scriptum: Die Schlösserverwaltung hat danach jedenfalls gut daran getan, meinen Mitarbeiter Malte Jensen in deren Dienste zu übernehmen, um unsere bisherige erfolgreiche Arbeit mittels seiner Erfahrungen und Leistungen auf gleichem Niveau fortsetzen zu können.

Dies habe ich in den Mai-Abendstunden 2013 notiert, in meinem kleinen Büro, „dem schönsten Münchens", wie meine Frau behauptet, mit Blick auf die blühenden Fliederbüsche, die Grünflächen, die Schwäne auf den Kanälen und auf den prächtigen Mittelbau des Schlosses Nymphenburg. Aus dem Hubertussaal nebenan klingt die Musik eines Gast-Ensembles zu mir herüber...

Das Kammermusikfest „Nymphenburger Sommer"

Schon in den siebziger Jahren besuchten meine Frau und ich die Nymphenburger Schlosskonzerte im prächtigen barocken Steinernen Saal im Mittelbau des Nymphenburger Schlosses. Veranstaltet wurde die Kammermusik vom Ehepaar Eva und Tino Walz bis zu dem Jahr, als der Steinerne Saal aus Anlass des bevorstehenden 90. Geburtstags S.K.H. Herzog Albrecht von Bayern aufwendig renoviert wurde. Damit endete diese sommerliche Konzerttradition jedenfalls für diesen Saal für immer. Der Finanzminister Prof. Kurt Faltlhauser war es, der daraufhin mit bewunderungswürdigem Engagement die Totalsanierung des so genannten Orangerietrakts und dessen Hubertussaals vorantrieb. Mit Hilfe einer „Anstoßfinanzierung" durch private Geldgeber wurde mit den schon erwähnten staatlichen Mitteln die Sanierung auf den Weg gebracht. Wie schon früher berichtet, wurde die Wiedereröffnung am 6./7. Juli 2003 mit einem Konzert gefeiert.

In Erinnerung an die erwähnten Sommerkonzerte führen wir seit 2004 – zunächst veranstaltet durch unsere INK GmbH – das jährlich zwischen Mitte Juni und Mitte Juli stattfindende Kammermusikfest unter dem Titel „Nymphenburger Sommer" durch. Das erste Jahr bescherte uns dieses Projekt ein kräftiges Defizit, das meine Frau und ich aus privater Tasche ausgeglichen haben in der Hoffnung, die kommenden Jahre besser abzuschließen. Diese Erwartung erfüllte sich insofern, als wir seither wenigstens keine Verluste mehr erwirtschafteten, bedingt durch ausreichende Besucherzahlen und gelegentliche Sponsorenhilfe. In diesem Zusammenhang bleibt anzumerken, dass uns stets bewusst war, welchen Herausforderungen wir uns stellen mussten, nämlich einerseits dem in München und Umland ständig wachsenden Angebot musikalischer Veranstaltungen und andererseits der Erkenntnis, dass die Kammermusik (jedenfalls in öffentlichen Konzerten) offensichtlich nach und nach ihr Publikum zu verlieren scheint. Umso erstaunlicher ist es, dass gleichzeitig ein Überangebot junger Künstler und neuer Ensembles in dieser Musiksparte auf den Markt drängt.

Um dennoch nicht aufzugeben und unserem Anspruch hoher Qualität der Konzerte des „Nymphenburger Sommers" auch dauerhaft gerecht zu werden, entschloss ich mich vor einigen Jahren, jedenfalls die finanzielle Verantwortung und die formale Veranstalter-Rolle für diese Reihe auf einen zu gründenden gemeinnützigen Verein mit dem Namen „Freunde des Nymphenburger Sommers e.V." zu übertragen. Dies gelang im Frühjahr 2010. Dank des besonderen Engagements seitens des Vorstandsvorsitzenden Philipp Haindl, seiner Vorstandskollegen und einem Kuratorium ist es bis heute (2015) gelungen, dieses Kammermusikfest fortzuführen. Als Geschäftsführer des Vereins bin ich nach wie vor verantwortlich für die Auswahl der Künstler, die Programm- und Vertragsgestaltung, Sponsorensuche, Mitgliederwerbung, das Marketing und die organisatorische

Konzertdurchführung. Mein Kollege Malte Jensen ist mir dabei seit Jahren ein unentbehrlicher treuer Mitstreiter.

Der Freundeskreis zählt inzwischen über hundert Mitglieder. Deren jährliche Spenden tragen maßgeblich zum Überleben unserer Kammermusikreihe bei. Auch die von meiner Frau und mir gepflegten, teilweise schon langjährigen persönlichen Kontakte zu Künstlern wie beispielsweise zu Daniel Müller-Schott, Johannes Moser, Arabella Steinbacher, Julian Steckel, dem Henschel-Quartett oder zu dem Stuttgarter Kammerorchester und vielen anderen haben daran ihren Anteil. Und schließlich sind es Sponsoren wie u.a. die BW-Bank, die Commerzbank, Ernst & Young, Dallmayr und SERAFIN, die uns seit Jahren die Treue halten.

Zwischenbilanz?

Soweit ich bewusst und eigenverantwortlich meine beruflichen und auch zwischenmenschlichen Entscheidungen habe treffen können und müssen, habe ich stets versucht, den rechten Zeitpunkt hierfür selbst zu bestimmen. Ich bin dem Schicksal dankbar, dass ich rückblickend bisher in nur wenigen, sehr persönlichen Konstellationen „fremd bestimmt" worden bin. Aber auch diese Fälle waren kein Unglück.

Unsere Generation ist, soweit sie den Zweiten Weltkrieg unbeschadet überlebt hat, in einer Zeit aufgewachsen, die uns Freiheit und Wohlstand in einem wohl nie vorher da gewesenen Maße gewährt hat. Ich empfinde dieses Schicksalsgeschenk nicht als selbstverständlich. Denn es sollte stets auch persönlich „verdient" werden. Dazu gehörte zunächst die bewusste Verantwortung für das eigene Leben, beginnend mit der Befolgung der lateinischen Weisheit *„mens sana in corpore sano"*. Seit über vierzig Jahren bin ich morgens fast täglich im Münchener Englischen Garten gut eine Stunde lang unterwegs, früher als Jogger, seit einigen Jahren mit dem Fahrrad. Die Begegnung mit der wunderbaren Natur durch alle Jahreszeiten schenkt mir physisch und seelisch – als Brücke zu Gott? – viel Kraft. Diese Energien wollen stets ein Echo finden in zwischenmenschlichen Beziehungen, in Ehe, Begegnungen, Freundschaften und Partnerschaften. Schallt das Echo zurück, gewinne ich die notwendige innere Balance und den erhofften Stimulus für eigene Kreativität.

Im Umfeld meines gesellschaftlichen und sozialen Lebens habe ich versucht, wo immer sich Gelegenheiten boten, insbesondere jüngeren Menschen zu helfen, ein Impuls, den meine Frau (diese in viel stärkerem Maße) und ich – ungewollt kinderlos – bis zum heutigen Tage in uns tragen. Dazu gehört u.a. auch unser langjähriger Einsatz für die deutsch-französischen Beziehungen im Vorstand der Deutsch-Französischen Gesellschaft für München und Oberbayern e.V.

Ich habe mit diesen Tagebuchaufzeichnungen und Erinnerungen meine eigene „Zwischenbilanz" ziehen wollen, wohl wissend, dass sie der „Endbilanz" näher kommt. Ich hoffe, dass mir bis dahin noch eine kleine Weile bleibt, um diese weiterhin sinnvoll zu gestalten. Dazu mag bis auf Weiteres mein Engagement für das Kammermusikfest „Nymphenburger Sommer" gehören, das im Jahr 2016 zum dreizehnten Mal veranstaltet werden soll.

Aber auch die Pflege von Freundschaften und private Hobbies wie Malen und Zeichnen, die Bücher und die Musik, und schließlich die Gartenarbeit in der Bretagne mögen den Lebensabend abrunden.

ANHANG

Im Hinblick auf die gelegentlich auch öffentlich geführte Diskussion (siehe z.B. Süddeutsche Zeitung vom 20.1.2012, Reinhard Brembeck: „Der Saal, das Geld, das Publikum") über die inhaltliche Zukunft der Gasteig Philharmonie und das damit zusammenhängende Thema *„Muss der Gasteig von einer Intendanz geleitet werden?"* Brembeck plädiert für eine Intendanz) dürfte es das Musik liebende Publikum interessieren, wie die Münchner Privatveranstalter und die Intendanten deutscher Konzerthäuser zu dieser Frage stehen.

Die privaten Klassik-Konzertveranstalter in München (vornehmlich die Herren Dr. Hans-Dieter Göhre, Georg Hörtnagel, Helmut Pauli, Andreas Schessl und Professor Klaus Schreyer) haben hierzu eine einheitliche klare Antwort: Ein städtischer Gasteig-Intendant, ausgestattet mit öffentlichen Finanzmitteln für Konzertprogramme, wäre im Zweifel der Tod des freien Konzert-Unternehmertums. Seit Jahrzehnten hätten die Münchner Konzertveranstalter das Musikleben mit internationalen Orchestern und Künstlern bereichert, letztere zum Teil auch – mit erheblichen Risiken verbunden – „aufgebaut", d.h. deren Karriere durch regelmäßige Konzert-Veranstaltungen überhaupt erst ermöglicht oder gefördert. Schon seit jeher bestünde ein Kampf zwischen den öffentlich-rechtlichen Orchestern am Platze und den Privatveranstaltern, wenn es um die

Verpflichtung weltbekannter Solisten oder Dirigenten gehe. Hier herrsche eine ungerechte Gagen-Überbietung zu Lasten der Privat-Veranstalter. Davon abgesehen bestünde schon seit Urzeiten ein Ungleichgewicht zwischen den niedrigeren Kartenpreisen für Konzerte öffentlich geförderter Klangkörper (diesbezüglich Missbrauch des so genannten „Kulturauftrags" der öffentlichen Hand? Wenn aber Kulturauftrag, dann wie bereits praktiziert, Heranführung des jungen Publikums an die Musik) und den im Zweifel höheren marktabhängigen Eintrittspreisen, die die Privatveranstalter kalkulieren müssten. Auch privat finanzierte Konzerte würden so weit und viel wie möglich zeitgenössische Kompositionen im Programm enthalten. Schließlich gäbe es auch schon Kooperationen zwischen den privaten und öffentlich-rechtlichen Veranstaltern. München böte (neben Berlin) mit Sicherheit das breiteste und reichhaltigste Musikangebot Deutschlands. Aus allen genannten Gründen würde ein aus Steuermitteln gut bezahlter Gasteig-Intendant mit seinen durch Steuergelder subventionierten Konzertveranstaltungen den diesbezüglichen Wettbewerb zu Lasten der Privaten zusätzlich verzerren. Möglicherweise verstießen die schon seit langem bestehenden Ungleichheiten auch gegen europäische Rechtsnormen.

Als gewichtigen Vertreter der Münchener Konzert-Veranstalter lasse ich im Folgenden zunächst Andreas Schessl/MünchenMusik zu diesem Thema zu Wort kommen. Danach äußern sich die Intendanten deutscher Konzerthäuser.

Ihnen allen sei herzlich gedankt für ihre Beiträge, worin zum Ausdruck kommt, wie sie die Zukunft von Konzerthaus-Intendanten sehen und welche Aufgaben und Herausforderungen sie zu meistern haben.

Stellungnahme von Andreas Schessl/ MünchenMusik

Allzu häufig werden den privatwirtschaftlich agierenden Konzert-Veranstaltern der Wille und/oder die Fähigkeit abgesprochen, ein künstlerisch hochwertiges und dennoch kommerzielles Programm zu gestalten. Daher wird der vermeintliche Königsweg in hoch subventionierten Konzerthäusern gesehen, die mit einem sogenannten Intendantenmodell betrieben werden. Geschützt vom Kulturauftrag, gelten dabei meist andere Regeln als in jedem anderen Markt.

Da das Intendantenmodell fast immer mit millionenschweren Subventionen einhergeht, zunächst ein paar Anmerkungen hierzu:

Oft kann große Kultur nicht ohne die Hilfe des Staates oder der Kommunen finanziert werden. Natürlich müssen zum Beispiel Symphonieorchester, professionelle Chöre und Opernhäuser mit öffentlichen Mitteln unterstützt werden. Alle Klassikinteressierten sollten dankbar sein, dass Deutschland in der Lage und willens ist, ein reiches musikalisches Leben zu unterstützen oder teilweise erst zu ermöglichen. Wann aber ist der Punkt erreicht, an dem Subventionen eingesetzt werden, ohne dass daraus ein kultureller Mehrwert entsteht?

Der Berliner Klassik-Konzertmarkt beispielsweise ist durch einen jahrzehntelangen, maßlosen Geldregen völlig verdorben worden. Die größten Stars sind in guten Sitzplatzkategorien mit Spitzenorchestern oftmals für Kartenpreise zwischen 15 und 30 Euro zu hören.

Das erweckt beim Publikum die Erwartung, Spitzenklassik müsse billig sein – mit der Folge, dass private Veranstalter regelmäßig einem enormen Preisdruck ausgesetzt sind. Ohne sich bewusst zu machen, dass diese überbordenden Subventionen von allen Bürgern bezahlt werden, ist der Konzertbesucher freilich zunächst erfreut über niedrige Kartenpreise. Dass diese aber auch unter sozialen Aspekten keineswegs notwendig sind, solange es immer ausreichende Kontingente günstiger Tickets gibt, zeigt der Unterhaltungsmarkt in Berlin. Hier werden Marktpreise wie in anderen Städten bezahlt, ohne dass der Staat finanzielle Mittel aufwenden muss.

Bedauerlicherweise sehen Politiker wie Feuilletonisten oft nur weiß oder schwarz: Gut ist der – vermeintlich durch Subventionen in seinen Entscheidungen freie – Kulturmanager, vom Markt korrumpiert der private Veranstalter. Gut ist das durch einen Intendanten wohlgeordnete Programm zu günstigen Kartenpreisen – verwerflich hingegen das privatwirtschaftliche Programm, das ohne Qualitätskontrolle nur nach ökonomischen Gesichtspunkten gestaltet wird. Muss Qualität im Kulturbereich wie bei Lebensmitteln staatlich gelenkt und kontrolliert werden? Oder sollte sich die öffentliche Hand nur in Bereiche begeben, in denen sie wirklich nötig ist?

Als Beispiel, wie liberal man privaten Veranstaltern gegenüber agiert, wird oft das Vermietgeschäft der Intendanz-betriebenen Häuser genannt – letztlich hätten doch alle Platz. Großmut allenthalben. Der Öffentlichkeit verborgen bleibt das Ringen zwischen dem jeweiligen öffentlichen Haus und den Privatveranstaltern um die Klassikstars. Denn natürlich steht auch der abhängig beschäftigte Intendant unter dem Druck, ein glanzvolles Programm zu präsentieren (jedes Jahr werden im Frühjahr die immer aufwändigeren Programmbücher der Häuser verschickt und der private Unternehmer fragt sich, wer das eigentlich alles bezahlen soll). Bei diesem ringen hat der Intendant nicht nur die öffentlichen Finanzen, sondern auch den ersten und unumschränkten Zugang zu seinem Konzertsaal als Vorteil auf seiner Seite.

Verfechter des Intendanzmodells verweisen darauf, dass Privatveranstalter lediglich Marktmieten für den Konzertsaal bezahlen, ohne damit einen Beitrag zu den Grundinvestitionen des Staates für die Erstellung, bzw. den Unterhalt der Konzertsäle geleistet zu haben. Dabei wird leicht vergessen, welch gravierenden Beitrag Veranstalter zum Kulturleben leisten, ohne Subventionen in Anspruch zu nehmen. Stattdessen führen sie erhebliche Steuern an Bund, Länder und Kommunen ab. Noch dazu tragen Veranstalter, die regelmäßig erst dann Konzertsäle mieten dürfen, wenn der Bedarf der staatlichen, städtischen oder öffentlich-rechtlichen Kulturträger gestillt ist, letztlich durch eine Art „Resteverwertung" erheblich zur Reduzierung der Betriebskosten bei – womit sie auch hier die Haushalte ganz wesentlich entlasten anstatt belasten. Auch das wird gerne übersehen.

Bewundernswert ist das Modell Baden-Baden. Ein privatwirtschaftlich finanziertes Intendanzmodell – eine Besonderheit in Deutschland, erstaunlich und vorbildlich. Und noch einen ganz besonderen Konzertsaal gibt es in Deutschland: Das Dortmunder Konzerthaus. Hier wurde einer weitgehend brachliegenden und auf internationalem Niveau nicht existierenden Klassikszene durch den Bau und den Betrieb dieses Saales überhaupt erst Leben eingehaucht.

Es ist erfreulich, dass München bisher von einem Intendanzmodell verschont blieb. Das produktive Nebeneinander der großen städtischen, staatlichen und öffentlich-rechtlichen Klangkörper und den privaten Konzertveranstaltern funktioniert weitgehend gut. Immer mal wieder blitzt hie und da der Hochmut der Subventionskultur auf. Letztlich aber hat sich ein gut funktionierendes System entwickelt, das in seiner Gesamtheit aus öffentlichen und privaten Kulturveranstaltern gewährleistet, dass Münchens Musikleben nicht nur national, sondern auch international einen Spitzenplatz belegen kann. Und gelegentlich kommt es sogar zu schönen Beispielen gelungener Zusammenarbeit wie die zwischen der Stadt und MünchenMusik. Nur gemeinsam war es möglich, einen Zyklus aller Schostakowitsch-Symphonien mit Valery Gergiev, den Münchner Philharmonikern und dem Mariinski-Orchester zu veranstalten – ganz ohne Intendantenmodell und ohne zusätzliche öffentliche Mittel. Mitgeholfen haben stattdessen: Private Sponsoren.

Johann Wolfgang von Goethe wird 1825 in „Gespräche mit Eckermann in den letzten Jahren seines Lebens" mit folgender Erkenntnis, die an Aktualität auch heute nichts verloren hat, zitiert: *„Nichts ist für das Wohl eines Theaters gefährlich, als wenn die Direktion so gestellt ist, dass eine größere oder geringere Einnahme der Kasse sie persönlich nicht weiter berührt und sie so in der sorglosen Gewissheit hinleben kann, dass dasjenige, was im Laufe des Jahres an der Einnahme der Theaterkasse gefehlt hat, am Ende desselben aus irgendeiner anderen Quelle ersetzt wird. Es liegt einmal in der Natur, dass sie leicht erschlafft, wenn persönliche Vorteile oder Nachteile sie nicht nötigen."*

Stellungnahmen der Intendanten deutscher Konzerthäuser

Der Leser sollte im Vorfeld wissen, dass kein Konzerthaus mit einem anderen vergleichbar ist, weder architektonisch noch hinsichtlich Eigentums-, Betriebs- oder Finanzierungsstruktur.

Die deutschen Konzerthäuser können in zwei Hauptgruppen unterteilt werden:

Häuser, deren Saal/Säle vornehmlich an Dritte vermietet werden und daher im Wesentlichen keine Inhalte bestimmende Intendanz, sondern lediglich einen verwaltenden, kaufmännischen Geschäftsführer kennen. Hierzu gehören beispielsweise der Gasteig, die Glocke in Bremen, die Musik- und Kongresshalle in Lübeck.

Häuser, die ganz oder zumindest teilweise von einer Intendanz geführt werden, sei es in Doppelfunktion Orchester-Intendant/Geschäftsführung wie in der Philharmonie in Berlin, im Konzerthaus Berlin, Tonhalle Düsseldorf, im Gewandhaus in Leipzig, oder ohne Doppelfunktion wie die Häuser in Baden-Baden, Alte Oper/Frankfurt/M., Hamburg, Dortmund, Essen und Köln.

Das Konzerthaus Berlin und seine Partner
Prof. Dr. Sebastian Nordmann Intendant

Seit Jahren arbeitet das Konzerthaus Berlin gerne mit ausgesuchten privatwirtschaftlichen Musikveranstaltern zusammen. Neben der reinen Vermietung der Räumlichkeiten an private örtliche Veranstalter, hat sich die Kooperation mit Konzert- und Künstleragenturen, vor allem beim Aufbau neuer Formate, als sehr fruchtbar für beide Parteien erwiesen. So gründete z.B. der Musikveranstalter Konzertbüro Schoneberg die Reihe „Neue Namen", die aufgrund der untypischen Uhrzeit (Beginn 18.30 Uhr) als gewinnbringend für das Konzerthaus Berlin angesehen wird. Ebenso erfolgreich wird seit Jahren das Festival „Young Euro Classic" in der Sommerpause unseres Konzerthausorchesters Berlin in unserem Hause durchgeführt: Eine typische Win-win-Situation.

Seit Jahren veranstaltet das Konzerthaus die aus fünf Abonnementkonzerten bestehende Reihe „Kammerorchester international" gemeinsam mit der renommierten Konzertagentur Schmid aus Hannover. Mit der Konzert-Direktion Hans Adler wurde vor zwei Jahren die Konzertreihe „Pianissimo", in welcher vier hochkarätige Klavierabende mit internationalen Meisterpianisten präsentiert werden, aus der Taufe gehoben.

Gemeinsam mit der Hochschule Hanns Eisler wird die Reihe „Musikforum Gendarmenmarkt" durchgeführt, in der die Professoren ebenso wie die Studenten (zum Teil auch mit dem Konzerthausorchester

Berlin) Auftrittsmöglichkeiten erhalten. In der Konzertreihe „musica reanimata" präsentiert der gleichnamige Förderverein gemeinsam mit dem Konzerthaus Berlin eine Gesprächsreihe zum Thema „verfemte Musik".

Eine enge Partnerschaft ist über die Jahre auch mit dem Ensemble „Akademie für Alte Musik in Berlin" gewachsen (zwei verschiedene Abo-Reihen).

Durch die enge Zusammenarbeit mit den Partnern kann das Konzerthaus Berlin so zusätzliche große Namen des Klassikmarktes, Nachwuchskünstler oder spannende Programme an sein Haus binden, neue Besucher für das Konzerthaus gewinnen und kostensparend programmieren. Zudem ermöglicht es dem Konzerthaus Berlin, den örtlichen Markt besser zu steuern, indem zeitnahe Doppelungen bekannter Künstler vermieden werden.

Konzerthaus Dortmund
Benedikt Stampa Intendant

Das Konzertleben befindet sich in einem tief greifenden Umbruch. Die Präsentation und Vermittlung klassischer Musik bekommt einen neuen gesellschaftlichen Stellenwert. Nicht zuletzt dadurch, dass über Bildung und Kultur, ausgehend von den Erfahrungen der letzten Jahrzehnte und vor dem Hintergrund der allgemeinen gesellschaftlichen Entwicklung, neu nachgedacht wird bzw. werden muss.

In diesem Kontext spielen Konzerthäuser eine herausragende Rolle. Sie sind Motor des Musiklebens auf lokaler, regionaler und internationaler Ebene und bilden nicht selten das Zentrum des Musiklebens einer Stadt. Ihr Aufgabenspektrum hat sich in den vergangenen Jahrzehnten entscheidend erweitert und entwickelt.

Konzerthäuser bilden einen unverzichtbaren Bestandteil des Musiklebens und sind Garant für die programmatische Fortentwicklung der Musikkultur.

Das Konzerthaus Dortmund steht hierbei in einer Reihe mit intendanzgeführten Konzerthäusern in Deutschland und Europa, die mit einem eigenen künstlerisch geprägten Profil in ihrem jeweiligen Wirkungskreis und darüber hinaus, entscheidende programmatische Impulse setzen.

Unter dem Motto: „So klingt nur Dortmund" – „Musik für Alle" veranstaltet das Konzerthaus Dortmund in rund 15 Abonnement-Reihen ca.100 eigene künstlerische Veranstaltungen. Der klare Auftrag der Stadt

Dortmund als alleiniger Gesellschafterin der Konzerthaus Dortmund GmbH ist es, in und für Dortmund ein Musikleben zu etablieren, das in der lokalen Musikszene verankert ist, gleichzeitig aber auch das internationale Niveau des Musiklebens abbildet und dabei durch eigene künstlerische Arbeit wesentliche inhaltliche Impulse im deutschen Musikleben setzt.

So ist das Konzerthaus Dortmund in den zehn Jahren seines Bestehens durch die eigene künstlerische Arbeit zu einem unverzichtbaren Teil der Musikkultur einer Stadt und Region geworden. Hierbei hat sich das gewählte „Intendanz-Modell" bewährt.

Tonhalle Düsseldorf
Michael Becker Intendant

Deutschland verfügt über eine kleine Anzahl so genannter programmgeführter Konzerthäuser. Sie werden von einer Intendanz geführt, die die künstlerischen Inhalte der Häuser verantwortet. Das sind die Laeiszhalle/Elbphilharmonie, das Gewandhaus Leipzig, die Essener Philharmonie, die Tonhalle Düsseldorf, die Kölner Philharmonie, die Alte Oper Frankfurt.

Von diesen Häusern, die zugleich als „internationale Konzerthäuser" geführt werden – als solche, in denen die großen Künstler des klassischen Musiklebens mit einigem Regelmaß zu Gast sind – unterscheiden sich die mit eigenem Orchester von denen ohne ein solches. Eigenes Orchester bedeutet, dass Haus und Klangkörper in einer Intendanz liegen. Das sind dann noch das Gewandhaus Leipzig, Konzerthaus Berlin, Düsseldorf und demnächst Essen.

Der elementare Vorteil dieser Häuser ist die intensive lokale Anbindungsmöglichkeit. Voraussetzung dafür ist, dass die Orchester nicht ausschließlich in einem Allerwelts-High-End-Segment etabliert werden, sondern die Spreizung zwischen unterschiedlichsten Publikumsschichten wagen. Diese Spreizung kann nur vor Ort geschehen. Eine persönliche Bindung zwischen jungem oder unerfahrenem Publikum und einem Profi-Orchester muss wachsen, sie kann nicht mit einem, zwei oder drei Konzerten im Jahr entstehen und auch nicht mit nur einem Konzertformat.

In Düsseldorf haben wir 2007 einen spannenden Weg begonnen, der noch lange nicht zu Ende ist: Installiert wurden 9 neue Konzertreihen für unterschiedlichste Altersstufen zwischen 0 und 100. Jedes Konzertformat ausgelegt auf eine sehr kleinteilig definierte Altersgruppe (etwa 0-1 oder 2-3 Jahre). Die Konzerte sind ausverkauft und an allen Konzertreihen wirkt unser Orchester mit. Auf diese Weise hat sich der Anteil der Eigenveranstaltungen der Tonhalle auf 50% erhöht. Die andere Hälfte ist das internationale Gast-Geschäft. Wir haben also weiterhin Anne-Sophie Mutter, Lang Lang, Sokolov, David Garrett und alle anderen Vertreter des großen Starbetriebs im Haus. Aber wir beobachten eine starke Weitung unseres Publikums. Waren 2006 etwa 80.000 Menschen Besucher der Eigenproduktionen, so sind es heute etwa 120.000. Die Tonhalle verfügt inzwischen über drei eigene Jugendorchester, die intensiv zur Auslastung und zur Diversifizierung des Angebots beitragen.

Die lokale Verbundenheit eines Konzerthauses ist der Schlüssel zu seinem internationalen Erfolg. Das muss nicht so laufen wie in Düsseldorf. Es kann auch durch die Annäherung ans Brauchtum geschehen, durch Wettbewerbe oder durch lokaltypische Veranstaltungen. Wichtig ist nur die Glaubwürdigkeit, die bodenständige Anbindung an das städtische Leben. Je mehr künstlerische Impulse aus dem Haus selbst heraus gegeben werden können, desto offener, durchlässiger, freundlicher erscheint es. Bis sich durchgesetzt hat, dass auch für solche Angebote ein Intendant hilfreich sein kann, wird es noch einige Zeit dauern. Reine Abspielstätten werden spätestens dann nicht mehr funktionieren, wenn das sich verändernde Publikum keine Bindung mehr wünscht.

Die Elbphilharmonie/Laeiszhalle
Christoph Lieben-Seutter Intendant

Den Clash zwischen den gemeinnützigen Konzerthäusern mit ihren Intendanten und den Privatveranstaltern kann man meiner Meinung nach auf ein Grundthema zurückführen: Geht es bei der Klassik darum, mit einem passenden Angebot auf eine bestehende Nachfrage zu reagieren oder ist es nicht vielmehr längst so, dass Orchester, Veranstalter, Konzerthäuser sich auch um die Entwicklung der Nachfrage nach ihrem Programm kümmern müssen.

In meiner Kindheit „ging man" ins Konzert, ins Theater, ins Museum. Für viele Theater- und Konzertabende gab es ohne Abonnement gar keine Chance auf Tickets. Museen hatten prohibitive Öffnungszeiten, unfreundliches Personal und wurden auch ohne Blockbuster-Ausstellungen besucht. Ein Konzertveranstalter musste nicht viel mehr machen als Säle und Künstler buchen und den Abonnenten einmal jährlich das Programm der nächsten Saison mit der Rechnung zu überreichen. Plakatiert oder inseriert wurde in erster Linie zur Erbauung der Künstler und als Bestätigung für die Stammgäste. Und noch vor gut zehn Jahren machte sich der Wiener Staatsoperndirektor über die Notwendigkeit einer Marketingabteilung lustig.

Heute müssen die gleichen Akteure als Dienstleister ihr Publikum umwerben und verführen. Und sie müssen ein positives Image schaffen, um anstelle der aus der Mode gekommenen Abonnements eine neue Basis für eine vertrauensvolle Kundenbindung aufzubauen. Sie müssen mannigfaltige Kommunikationswege gleichzeitig bedienen und die unterschiedlichsten Zielgruppen ansprechen. Sie müssen mit einer breiten Palette von Musikvermittlungsprogrammen nicht nur das Publikum von morgen aufbauen, sondern auch den erwachsenen Konzertbesuchern von heut „Einstiegshilfen" anbieten.

Für diesen ungeheuren Mehraufwand muss auch der Mittelbeschaffung sehr viel mehr Aufmerksamkeit gewidmet werden. Sponsoren, Stifter, Mäzene und sonstige institutionelle Fördereinrichtungen wollen gefunden und betreut werden. Hierbei haben gemeinnützige Institutionen aus verschiedenen Gründen wesentlich mehr Möglichkeiten als profitorientierte Veranstalter.

Eine zentrale Rolle kommt dem Konzertgebäude zu. Architektur und Einrichtung, Akustik, Beleuchtung, die Zugänglichkeit, die Kundenorientierung des Servicepersonals, das gastronomische Angebot, das sind die Mosaiksteinchen, die neben der künstlerischen Darbietung einen gelungenen Konzertbesuch ausmachen und aus dem Gelegenheitsbesucher einen regelmäßigen Gast machen.

Dem Konzerthausintendanten kommen somit neben der Programmierung eines mehr oder weniger großen Anteils von „Eigenveranstaltungen" am Gesamtprogramm, das natürlich das Angebot anderer Veranstalter und der lokalen Orchester sinnvoll erweitern und ergänzen muss, zahlreiche weitere Aufgaben zu. Als selbst veranstaltendem Hausherrn liegt ihm das Wohlergehen jedes einzelnen Besuchers (sowie der Künstler) üblicherweise noch näher als dem Geschäftsführer eines reinen Vermietungsbetriebes, des „Kunden" in erster Linie die buchenden Veranstalter und Orchestermanager sind.

Das klassische Geschäftsmodell des Privatveranstalters kommt aus oben genannten Gründen stark unter Druck. Das Abonnement-Publikum überaltert, die Rückgänge im Abonnement-Verkauf können nur durch verstärktes und kostenintensives Marketing im Einzelverkauf und/oder Erhöhung der Eintrittspreise aufgefangen werden. Hohe Ticketpreise wiederum sind zwar bei den großen Stars in Klassik wie in der Popmusik durchsetzbar (wo die Nachfrage tatsächlich dem Angebot entspricht), sind jedoch prohibitiv für „Neueinsteiger", die mühsam umworben und für die Klassik erst begeistert werden müssen. Dabei geht es eben nicht um den gelegentlichen Konzertbesuch. Erst die regelmäßige Auseinandersetzung mit dem klassischen Repertoire und den Interpretationsmöglichkeiten der unterschiedlichsten Künstler machen aus einem Gelegenheitsbesucher einen Klassik-Fan und Stammkunden. So ist es im internationalen Vergleich auffallend, dass die bestbesuchten Konzerthäuser und Orchester meistens ein unterdurchschnittliches Ticketpreisniveau haben (z.B. Wiener Musikverein, Philharmonie Luxembourg).

Das privatwirtschaftliche Angebot von klassischen Konzertreihen ist also wirtschaftlich immer weniger über die reinen Ticketverkäufe darstellbar. Eine zusätzliche Finanzierung, sei es über Sponsoren und Fundraising, durch Quersubventionierung aus anderen, Gewinn bringenden Geschäftsbereichen, durch Kooperationen mit Orchestern und Konzerthäusern wird in Zukunft für die meisten Veranstalter unabdinglich sein.

Philharmonie Essen
Dr. Johannes Bultmann Intendant

Ein Vergleich zwischen reinen Vermiet-Konzerthäusern und Intendanten-Konzerthäusern soll keine moralische Bewertung sein, nur eine nüchterne Sachanalyse aus künstlerischer Sicht.

Ein Vermiet-Konzerthaus ist eine reine Immobilien-Vermietung an private Konzertveranstalter, ohne Qualitätskontrollen oder Qualitätsansprüche. Private Veranstalter verfolgen primär keine philanthropischen, ideellen künstlerischen Bildungsprinzipien, sondern kommerzielle Geschäftsziele zum Erzielen von privaten Kapitalgewinnen.

Das gesamte Spielzeitprogramm eines solchen Hauses besteht somit aus einer bloßen Addition und Summierung von Konzerten. Das Konzertangebot an die Bevölkerung reduziert sich auf einen extrem verknappten Repertoire-Ausschnitt aus der Musikgeschichte und aus Interpreten, was mit Mainstream umschrieben wird. Somit ist einigermaßen sichergestellt, dass die Kasse stimmt. Ein Vermiet-Konzerthaus steht in absoluter Abhängigkeit von den Mietpartnern.

Ein Intendanten-Haus kommt um das Vermietgeschäft heutzutage nicht mehr drumherum, die Budgets unterstellen a priori eine hohe Vermieteinnahme als Voraussetzung. ABER: qualitativ, inhaltlich, dramaturgisch und künstlerisch erhält das Haus ein Gesicht, ein eigenständiges unverwechselbares Profil, in jeder Stadt ein Unikat. Gleichzeitig relativiert sich die Abhängigkeit von Mietpartnern. Anstelle des Zieles der Kapitalgewinne, hat der Intendant einen kulturellen Bildungs- und Vermittlungsauftrag für alle Sozialschichten. Hierfür bekommt er Subventionen. Sein Programm ist nicht eine bloße Addition von Konzert-Quantitäten. Er konzipiert inhaltliche, dramaturgische Themenreihen. Er vertieft musikalische, literarische, philosophische und politische Inhalte mittels seines Konzertangebotes. Er initiiert Festivals zur Neuen Musik, vergibt Kompositionsaufträge, kümmert sich um junge Nachwuchskünstler, plant Liederabende, Kammermusik- und Symphonie-Konzerte. Er reflektiert das vollständige Repertoire der Musikgeschichte. Er wagt neue Experimente. Er vermittelt unsere Kultur in die Breite der Gesellschaft und setzt dank der Subventionen die Ticketpreise so an, dass jeder der Gesellschaft Zugang zum Musikangebot hat. Seine Arbeit ist auch Teil an Sozialarbeit und Integration innerhalb der Gesellschaft, nicht nur durch seine Education-Arbeit.

Ein Intendanten-Haus ist nicht nur eine Immobilie, sondern die künstlerische Identität und das Selbstbewusstsein einer Stadt. Ein Haus mit einer einmaligen unverwechselbaren Handschrift.

Gewandhaus Leipzig
Professor Andreas Schulz Intendant

Konzerthausintendanz (KHI) – Eine Aufgabenbeschreibung

Der KHI muss alleiniger Leiter der Institution sein; ein kaufmännischer Leiter (falls vorhanden) kann nur nachgeordnet wirken. Eine Person muss die endgültige Verantwortung tragen und die finalen Entscheidungen treffen können.

Der KHI muss ein künstlerischer Manager sein (seine Ausbildung sollte entweder Kulturmanagement, Musikwissenschaft, Musik, Betriebswirtschaft, Jura etc. sein). Er muss das künstlerische Profil der Institution prägen und gleichzeitig die betriebswirtschaftlichen Kennzahlen beherrschen.

Teillösungen, in denen Künstler (z.B. Dirigenten) zu Intendanten von Institutionen gemacht werden, funktionieren nachweislich nicht. Der Künstler soll und muss sich auf seine „Arbeit" konzentrieren können. Der KHI muss seine Aufgabe als Manager wahrnehmen.

Der KHI ist vorrangig für die künstlerische Programmplanung zuständig. Dafür muss er die notwendige Ausbildung haben und die nötige Sensibilität im Umgang mit den Künstlern. Er muss sich stets auf dem Laufenden halten (Medien, Konzertbesuche, Presse, Netzwerke etc.), was in der „Szene" passiert. Er muss neue Ideen kreieren, um sein Konzertangebot stets interessant zu gestalten.

Der KHI muss um die Themen OE (Organisationsentwicklung) und PE (Personalentwicklung) wissen oder sich die entsprechende Kompetenz einholen. Jede Struktur, die aus Mitarbeitern und Prozessen besteht, ist sehr komplex und verändert sich sehr schnell. Der KHI muss diese Veränderungen führen können.

Der KHI muss über eine sehr ausgeprägte Sozialkompetenz verfügen und ein hervorragender „Leader" sein. Das Berufsbild des KHI hat sich in den vergangenen Jahren massiv verändert. Die heutigen universitären Ausbildungen nehmen darauf immer noch nicht ausreichend Einfluss. Ein hervorragendes Weiterbildungsangebot für im Amt stehende KHI fehlt. In der Wirtschaft gibt es sehr gute Managementseminare, aber im Musikmanagement fehlt dieses deutschlandweit total.

Der KHI repräsentiert seine Institution in allen Belangen. Er ist für die politische Lobbyarbeit zuständig, ebenso für alle lokalen, nationalen und internationalen Netzwerke.

Der KHI sollte sich sehr wirksam und nachhaltig in die Netzwerke der Wirtschaft seiner Region einbringen (Marketingclub etc.).

Der KHI ist für die Sponsoren- und Spendenakquisition zuständig. Dies ist neben der künstlerischen Planung eine sehr wichtige und bedeutende Aufgabe.

Der KHI sollte möglichst in wichtigen Institutionen einer Stadt (eines Landes) vertreten sein (Tourismus, Wirtschaftsförderung etc.).

Der KHI sollte lokal, national und international kooperieren. Dies können künstlerische Projekte sein oder Kooperationen in den Bereichen Marketing, Medien, Presse etc.

Der KHI sollte langfristige Konzepte für die relevanten Bereiche seiner Aufgaben (Programmplanung, Organisationsentwicklung, Personalentwicklung, Sponsoring, Marketing und Vertrieb, Großkunden, Medien, Internet, Presse etc.) formulieren und diese versuchen, konsequent umzusetzen. Dabei kann man den Einfluss der Politik nicht außer Acht lassen.

Der KHI muss die Möglichkeiten haben, sich qualifiziert weiterbilden zu können. Er sollte Führungs- und Managementseminare besuchen.

Diese grobe Übersicht einer Aufgabenbeschreibung eines heutigen KHI gibt die Komplexität seines Wirkens wieder. Das Stellenprofil hat sich in den vergangenen zehn Jahren massiv verändert. Je nachdem, wie die Institution ausgerichtet ist, sind KHI heute längst „global player" in ihrem Business.

Umso wichtiger ist die Ausbildung und Weiterbildung. Diese ist aus meiner Sicht nicht ausreichend und wird den heutigen Anforderungen nicht annähernd gerecht. Es gibt viele Universitäten, an denen man Kulturmanagement studieren kann und wo man Grundlagen lernt, aber wenig nationalen oder sogar internationalen Praxisbezug hat.

Noch schwieriger gestaltet sich die Weiterbildung von KHI. Das Angebot in Deutschland ist mangelhaft. Hier muss dringend etwas getan werden.

Dennoch brauchen Konzerthäuser einen „Musik-Ma-
nager“, einen KHI, der kein Künstler sein sollte. Der
KHI kann bei bestimmten künstlerischen Projekten
mit Künstlern kooperieren.

Philharmonie Berlin

Die Berliner Philharmoniker bzw. deren Stiftung besitzen seit jeher das Primat in der Nutzung „ihres“ Scharoun'schen Konzerthauses, der Philharmonie. Erst sekundär werden Termine an das Rundfunk-Sinfonieorchester Berlin und an das Deutsche Symphonie-Orchester Berlin, schließlich auch an private Veranstalter wie z.B. Adler und Hohenfels vergeben. Nach Auskunft des Verwaltungsdirektors der Berliner Philharmoniker, Frank Kersten, gibt es diesbezüglich keine wesentlichen Schwierigkeiten. Es wird ganzjährig vermietet. Die Terminwünsche Dritter überschreiten die objektiv zur Verfügung stehenden Termine. Eine inhaltliche „Philharmonie-Handschrift“ gibt es daher nicht.

Festspielhaus Baden-Baden

Das Festspielhaus Baden-Baden unter der Leitung des Intendanten Andreas Mölich-Zebhauser setzt mit seinen Festspiel-Rhythmen Ostern, Pfingsten, Sommer, Herbst und Winter als ohne öffentliche Subventionen betriebenes Opern- und Konzerthaus mit 2.500 Plätzen auf das Genre „Weltklasse-Interpreten". Gleichzeitig führt es „Education-Programme" für den künstlerischen Nachwuchs durch. Es ist mit den übrigen deutschen Konzerthäusern nicht vergleichbar. Die Programm-Finanzierung erfolgt aus Karten-Erlösen, Stiftung- und Förderkreis-Beiträgen, sowie intensivem Sponsoring.

Alte Oper/Frankfurt/Main

Der geschäftsführende Intendant verantwortet derzeit ein Drittel der Konzerte als so genannte Eigenveranstaltungen, vornehmlich Klassik in Abonnement-Reihen. Zwei Drittel der Veranstaltungen werden seitens Drittmieter eingebracht, dazu gehören der Hessische Rundfunk, die Museumsgesellschaft mit eigenem Orchester und die Gesellschaft ProArte (Herrmann/Rheingau Musikfest). Die Eigenveranstaltungen der Alten Oper refinanzieren sich aus den Mieteinnahmen dritter Veranstalter, aus Kartenerlösen und Sponsoren/Spenden-Erlösen. Die Betriebskosten des Hauses trägt die Stadt Frankfurt/M., deren Höhe derzeit „eingefroren" ist. Die Alte Oper folgt traditionell der Devise „Konkurrenz belebt das Geschäft". Dazu gehören gelegentlich auch Kooperationen mit Dritt-Veranstaltern.

Kölner Philharmonie
Louwrens Langevoort Intendant

Die Kölner Philharmonie hat sich von Anfang an für ein Geschäftsmodell mit einem Intendanten an der Spitze entschieden. Sehr bewusst hat man vor 25 Jahren diese Organisation für das neue Konzerthaus gewählt, um dem Musikleben in der Stadt wichtige Impulse zu geben. Eine gezielte Programmplanung sollte ermöglicht werden anstelle der bis dahin typisch heterogenen Struktur von Konzerthäusern in vielen deutschen Städten. Der Intendant hat damit einerseits Spielraum für die dramaturgische Gestaltung des Konzertbetriebs etwa durch eigene Konzertreihen, andererseits kann er Einfluss auf das musikalische Gesamtgefüge auch in der Zusammenarbeit mit allen anderen Veranstaltern nehmen.

Die Köln Musik GmbH, die Betreibergesellschaft der Kölner Philharmonie, bietet ein flächendeckendes Kammermusikprogramm, sie macht sich stark für die Moderne und weiß genau, wo die jungen Talente zu finden sind, die dann oft sehr schnell die bedeuten den Konzertpodien erobern. Und sie steht als Garant für „gewagte" Konzerte, die von kommerziellen Konzertveranstaltern gemieden werden.

Die Erwartungen an das neue Haus wurden um ein Vielfaches übertroffen: Durch die zentrale Handlungskompetenz des Intendanten und die koordinierende Organisation des Unternehmens hat die Kölner Philharmonie das Musikleben in Köln grundlegend verändert. War Köln auch vorher schon eine Stadt, in der Musik großgeschrieben wurde, so entwickelte die Philharmonie eine Anziehungskraft, mit der sich die Zahl der Veranstaltungen und Besucher rasant erhöhte.

Das bedeutet aber nicht, dass eine ungleiche Konkurrenz zwischen kommerziellen und subventionierten Betrieben stattfindet: Da sich durch ein geschicktes Miteinander die Programme ergänzen, kann jeder seinen Marktanteil eigenständig weiterentwickeln. Auch Laienchöre, Jazz, Weltmusik und die Kölsche Sproch sind in der Philharmonie zu Hause. Sie alle sind mit ihrem Programm für den musikalischen Genuss in Stadt und Region zuständig, und ich bin sehr froh, dass in dieser musikalischen Vielfalt auch die unterschiedlichen finanziellen Möglichkeiten der Besucher berücksichtigt werden.

Das Konzerthaus im Jahrhundert

Ein Beitrag von Christoph Lieben-Seutter für die Broschüre des Elbphilharmonie-Freundeskreises „Ein magischer Ort" September 2011

„Eine ernste Sache ist die wahre Freude"

Karl Muck weigerte sich, im populären Konzerthaus Hamburgs aufzutreten. Im Conventgarten, mokierte sich Muck, stänke es nach Bier. Nicht nur mussten sich die Hamburger Philharmoniker, deren Chef Muck 1922 geworden war, im Conventgarten gegen Tanzveranstaltungen, Vereinsversammlungen und Boxkämpfe behaupten, auch der Ausschank im Großen Konzertsaal gab dem Haus eine eigene Prägung, die wir heute „multifunktional" nennen würden. Der Conventgarten, 1853 an der Stelle des heutigen Springer-Verlagshauses erbaut und bereits zwei Jahre später um einen großen Orchestersaal ergänzt, gehörte zu den ersten Konzerthäusern in Deutschland und überstand zwar Mucks Bannspruch, nicht aber den Bombenhagel des Zweiten Weltkriegs.

Dass Muck dem Saal die kalte Schulter zeigen konnte, liegt auch daran, dass die Hansestadt mit der 1908 eröffneten Laeiszhalle längst eine prächtige Alternative vorweisen konnte: Ein ganzes Haus für die Klassik, mit einer Bühne, auf der auch die Orchester von Strauss und Bruckner Platz fanden, mit einer hervorragenden Akustik, die noch das leiseste Streicher-Pizzicato bis weit hinauf in den zweiten Rang trägt. Ein Haus also für die zutiefst bürgerliche Leidenschaft, gemeinsam Musik zu hören.

Diese Leidenschaft entwickelte sich erst allmählich im 19. Jahrhundert. Zuvor war die zeitgenössische Musik vor allem ein Steckenpferd des Adels gewesen. Öffentliche Konzerte waren eine Ausnahme und fanden unter Bedingungen statt, die man sich heute nicht mehr vorstellen möchte. Der Impresario Johann Peter Salomon machte in London zwar schon gute Geschäfte mit Joseph Haydn und seinen späten Symphonien, aber noch Mozart musste erkennen, dass der Verkauf von Eintrittskarten für Konzerte selbst für einen Meister wie ihn auf Dauer noch nicht genug abwarf. Erst Mendelssohns Konzerte im Alten Gewandhaus markierten den Durchbruch des bürgerlichen Konzertes, und spätestens nach der Reichsgründung 1871 sehnten sich die Bürger nach neuen Stätten für ihre Musik. Worum es ihnen ging, bezeugt noch heute die Inschrift am Portal des Neuen Gewandhauses, 1884 eröffnet: *„Res severa verum gaudium"* – Eine ernste Sache ist die wahre Freude.

Was dem Musikliebhaber wahre Freude bereitet, geschah demnach mehr oder weniger gleichzeitig, bedingte einander, forderte sich geradezu heraus: die Gründung und Vergrößerung städtischer Orchester, der Bau der Konzerthäuser, die Komposition groß besetzter Werke. Ohne Orchester keine neuen Symphonien, ohne große Besetzungen keine neuen Häuser, ohne große Konzertsäle keine neuen Orchester. Das in den Städten erstarkende Bürgertum bekam so einen Ort, an dem es sich weitgehend unter Ausschluss anderer Schichten treffen und sich seiner selbst versichern konnte. Hier wurde das bis heute weitgehend unveränderte Ritual des kollektiven Musikhörens erfunden, das Ritual einer säkularisierten Gesellschaft, die gegen eine als bedrohlich empfundene Außenwelt Andacht und Sammlung benötigt, diese Kraft aber aus sich selbst heraus und nicht mehr aus dem Gespräch mit Gott schöpfen möchte. Die Bürger fanden diese Kraft in der Konzentration auf eine klassische Kultur, die sich nach tradierten Regeln weiterschrieb und deren Antrieb in der sehr bürgerlichen Suche nach Unterscheidbarkeit, nach Originalität bestand: die Kultur der Orchestermusik. In ihr fand das Bürgertum seine geistige Heimat, im Konzerthaus die dazugehörige räumliche.

ANYTHING GOES

Das alles ist furchtbar lange her. Umso bemerkens-
werter scheint die Stabilität des „Kernproduktes" der
Konzerthäuser: des Konzertes und seines Rituals. Die
Komponisten kündigten nach und nach den Großteil
des klassischen Regelwerkes auf und stellten dann,
nicht zufällig in den späten 1960er-Jahren, das Ritual
selbst unter den Generalverdacht des Reaktionären.
Aber das Konzert überlebte alle Grabsprüche. Die kul-
turinteressierten Besucher blieben bei ihrer Entschei-
dung für das Konzerthaus. Sie verstanden und
schätzten das künstlerische Profil ihrer Häuser,
bestellten die mit viel Umsicht und Kennerschaft
zusammengestellten Abonnements durch Jahrzehnte
hindurch, kannten ihren Stammplatz und alle, die um
ihn herum saßen, und vererbten ihr Abonnement den
Kindern, die wiederum als Grundschüler erste
Schnupperbesuche absolviert und selbstverständlich
Instrumentalunterricht genossen hatten, so dass sie
nach erfolgreichem Start in Beruf und Familie den
Geschmack an der Klassik wieder entdeckten und die
alten Stammplätze der Eltern gerne übernahmen.

Heute müssen wir feststellen: Dieser Automatismus
hat sich in den letzten 20 Jahren überlebt. Die Klassik
spielt in jener gesellschaftlichen Schicht, von der die
Konzerthäuser mehr als ein Jahrhundert lang gelebt
haben, keine große Rolle mehr. Man kann dafür
gesellschaftliche Entwicklungen anprangern, kann
die allerorts zu beobachtenden schwindenden Bin-

dungskräfte beklagen, unter der neben den Abonnementbüros auch die Parteien, die Kirche, die Familien leiden, kann die Medien und den Schulunterricht kritisch unter die Lupe nehmen, kann über den Wertewandel sinnieren – und wird doch schlicht konstatieren müssen, dass vor allem der Wettbewerb unter den Freizeitangeboten unverhältnismäßig zugenommen hat. Was treiben wir in unserer Freizeit? Sport oder Kultur? Gehen wir ins Kino, ins Theater, ins Konzert, ins Museum oder ins Restaurant? Schalten wir den Fernseher ein, surfen wir durchs Internet, lesen wir ein Buch oder gehen wir mit Freunden aus? Oder machen wir alles gleichzeitig? Jedes Jahr gibt es neue Angebote und jedes Jahr wächst die Vorstellung von dem, was dem Begriff der Kultur subsummiert werden könnte. War es in den 70er-Jahren in der Mittelschicht noch weitgehend verpönt, Pop-Musik zu hören, so treffen wir heute in den Konzerthäusern Besucher an, die im heimischen CD-Regal Johann Sebastian Bach hinter AC/DC einsortieren und nächsten Monat leider nicht kommen können, weil sie schon Karten für Till Brönner oder Lady Gaga haben. Ein Abonnement läuft nicht nur dem Unwillen entgegen, sich im Voraus terminlich festzulegen, sondern widerspricht der Lust nach Abwechslung vor dem Hintergrund einer *Anything goes*-Stimmung. Wer am Kanon der klassischen Werke festhalten möchte, sieht sich in Rechtfertigungs-Nöten. Der Druck, den die Mittelschicht in ökonomischer Hinsicht spürt, nimmt auch vieles in die Zange, was bislang zum ästhetischen Kanon gehörte.

Mit denen, die diesem Druck selbstbewusst standhal-
ten, lässt sich kein Konzerthaus mehr allabendlich
füllen.

Mit denen, die diesem Druck selbstbewusst standhal-
ten, lässt sich kein Konzerthaus mehr allabendlich
füllen.

DAS KONZERTHAUS VON MORGEN

Freilich stehen die Konzerthäuser diesen Entwicklungen nicht hilflos gegenüber. Der Vorzug, dass nur die wenigsten Häuser heute noch als reine Abspielhallen funktionieren, sondern von einer vorausschauenden künstlerischen Leitung an die Hand genommen werden, kann bei der Sicherung der Zukunft helfen, wenn man sein Publikum kennt und ernst nimmt. So wird z.B. das klassische Konzertritual heute gerade von jungen Besuchern zwar als etwas merkwürdig empfunden, aber doch geschätzt, denn eine konzentrierte Atmosphäre wird umso wertvoller, je lauter das Trommelfeuer der Medien tönt, die uns umgeben. Gerade die allgegenwärtige Verfügbarkeit von Musik in Ton und Bild ist dabei keineswegs eine Bedrohung für den Konzertbetrieb – im Gegenteil, je perfekter die digitale Darstellung wird, desto klarer ist, dass das Live-Erlebnis im Konzertsaal einmalig und unersetzlich ist.

Gleichzeitig dürfen wir längst nicht mehr von einem Publikum ausgehen, sondern müssen mit einer Vielzahl neuer und großteils längst erprobter Formate auf die verschiedenen Zielgruppen eingehen: Lunchkonzert, Late-Night-Show, 60-Minuten-Konzert, Klassik-Lounge, Moderationskonzerte oder Konzerte, in denen Klassik in einen Dialog mit anderen Genres tritt. Statt Abonnementzyklen über eine ganze Saison für eine homogene Käuferschicht zu führen, stellen wir uns auf ein diversifiziertes und flexibles Publikum ein, bieten diesem Kurzabos und Festivals an und akzentuieren das Programm durch einprägsame inhaltliche Schwerpunkte. Denn auch im Wettbewerb um die Wahrnehmbarkeit weht ein rauerer Wind: nur mit einem erheblich gesteigerten Aufwand für Marketing und PR gelingt es noch, das Publikum auf einzelne Konzerte aufmerksam zu machen.

Für die Erschließung neuer Publikumsschichten und nächster Generationen von Konzertbesuchern unabdinglich sind schließlich Vermittlungsprogramme, auf die keine ernstzunehmende Kulturinstitution mehr verzichten kann. Konzerte für Kinder und Familien, Workshops und Seminare, Einführungen mit Klangbeispielen und Videozuspielungen, spezielle Programme für Jugendliche, Klassikeinsteiger und Senioren, Konzerte in den Stadtteilen – all dies wird einen guten Teil des Angebots ausmachen.

Zur Hilfe kommt dabei nicht nur den Konzerthäusern die digitale Revolution. Mit Hilfe des Internets treten sie den Besuchern nicht mehr als Verkäufer gegenüber sondern als Begleiter durch den unübersichtlichen Kultur-Dschungel. Facebook, Twitter und Co. machen aus passiven Konsumenten aktive und informierte Mitgestalter, die mit Empfehlungen an ihren digitalen Freundeskreis Qualität und Glaubwürdigkeit des Konzertangebotes besser verbreiten als jede PR-Abteilung.

Konzertkarten werden komfortabel über das Internet bezogen, zunehmend über mobile Geräte, die auch gleich die Legitimierung am Einlass übernehmen.

Digitale Medien bieten umfangreiche audiovisuelle Informationen vor dem Konzertbesuch sowie die Übertragung des Konzertes live und im Archiv für alle, die nicht dabei sein können oder das Erlebte nachhören wollen.

Die Konzerthäuser von morgen werden also mehr bieten müssen als der Veranstaltungsort von Konzerten zu sein. Sie sind nicht mehr nur geistige Heimat des Bürgertums, sondern stehen mitten in der Gesellschaft. Sie integrieren verschiedene gesellschaftliche Gruppen mit einander teils widersprechenden ästhetischen Vorlieben. Sie wollen auch außerhalb der Konzerte belebt werden, müssen tagsüber besuchbar sein. In ihnen wird Kultur nicht nur konsumiert, sondern auch gelernt – ein offenes Haus für alle Gesellschafts- und Altersschichten.

Die Elbphilharmonie Hamburg hat eine große Chance, zu einem solchen Konzerthaus zu werden. Die lokale, überregionale und internationale Aufmerksamkeit für dieses Haus ist bereits Jahre vor der Eröffnung überwältigend. Es zeigt sich schon jetzt, dass sie genau jener öffentliche Ort sein wird, von dem Konzerthaus-Intendanten in der ganzen Welt träumen. Die Architekten Jacques Herzog und Pierre de Meuron haben ganz bewusst mit der Plaza, der Fuge zwischen altem Kaispeicher und neuer Elbphilharmonie, einen Ort geschaffen, der für die Öffentlichkeit bestimmt ist und diese anzieht. Von hier aus werden die Besucher mit offenen Armen empfangen und zum Konzert verführt.

Die traditionsreiche und warmherzige Laeiszhalle wird der Elbphilharmonie ein perfektes Gegenstück sein. Hier werden klassische Orchesterreihen, Kammermusik und Solistenabende im optimalen Rahmen auch in Zukunft ein Publikum finden, während die Elbphilharmonie das Haus für hochkarätige Gastspiele und Festivals sein wird. Die Vielfalt des zukünftigen Konzertprogramms lässt sich bereits jetzt erahnen, bieten doch die „Elbphilharmonie Konzerte" seit September 2009 mit rund 100 Konzerten pro Jahr einen Vorgeschmack auf das hauseigene Programm, das die Konzertreihen der Hamburger Orchester und Veranstalter ergänzen wird.

In vielen Städten gibt es zwei Konzerthäuser, die Wenigsten ergänzen sich gegenseitig auf so vorteilhafte Weise. Hamburg ist für die Zukunft gerüstet.

Bildnachweis

Für die mir im Laufe der vergangenen Jahrzehnte überlassenen Fotos spreche ich allen Donatoren meinen Dank aus.

ÜBER DEN AUTOR

Der Autor 1982 auf der Gasteig-Baustelle

Als Sechzehnjähriger erhielt Eckard Heintz ein Jahresstipendium (1952/53) des Schüleraustausch-Programms American Field Service für die USA. Nach dem Abitur absolvierte er eine Bankkaufmannslehre in Bremen.

Es folgte das Jura-Studium in Freiburg/Breisgau und München. Während der Referendarzeit (München/Berlin) promovierte Heintz in Politikwissenschaft an der Freien Universität Berlin/ Otto-Suhr-Institut bei Professor Dr. Ernst Fraenkel. Er ist seit 1966 verheiratet mit Karin Heintz. Das zweite juristische Staatsexamen absolvierte er 1967 in München.

Als Bankkaufmann war er 13 Jahre lang in der Bayerischen Vereinsbank im In- und Auslandsgeschäft und anschließend in der Berliner Bank (Aufbau und Leitung deren Niederlassung München) tätig.

1982 wurde Heintz von der Landeshauptstadt München als erster Geschäftsführer des entstehenden Münchner Kultur-, Bildungs- und Tagungszentrums Gasteig bestellt. Diese Aufgabe endete mit seiner Pensionierung Ende 1998.

Heintz erhielt eine Professur und einen Lehrauftrag an der Hochschule Bremen (Kulturmanagement) und leitete eine Vorlesungsreihe für Kulturmanagement an der Hochschule für Musik und Theater München. Er hat wesentlich dazu beigetragen, dass seit 2010 an dieser Hochschule ein zweijähriges Aufbaustudium für Musik- und Kulturmanagement mit Master-Abschluss angeboten wird.

Von 1997 bis 2014 leitete Heintz das von ihm gegründete Institut für internationales Kulturmanagement. Neben Fortbildungskursen für Kulturmanager und Beratungen übernahm das Institut 2003 im Auftrag der Bayerischen Schlösserverwaltung die Betreuung von drei Veranstaltungssälen im Schloss Nymphenburg. Als Konzertveranstalter gründete Heintz 2004 das Kammermusikfest *„Nymphenburger Sommer"*, das seither jährlich im Hubertussaal, Schloss Nymphenburg, ein Podium für vornehmlich jüngere Künstler bietet. In diesem Kontext rief er 2010 einen gleichnamigen Förderkreis ins Leben, als dessen

Geschäftsführer er bis zur Stunde das jährlich stattfindende Kammermusikfest mit seinem Kollegen Malte Jensen gestaltet.

Als Präsident und Vorstandsmitglied der International Society for the Performing Arts (ISPA) hat er am Ausbau des Networking im internationalen Kulturleben mitgewirkt. Er ist langjähriges Vorstandsmitglied der Deutsch-Französischen Gesellschaft für München und Oberbayern.

Heintz wurde mit dem Bundesverdienstkreuz und dem Ordre National du Mérite ausgezeichnet.